Der Grüne Leguan

Gunther Köhler

Der Grüne Leguan

Biologie · Pflege · Zucht · Erkrankungen

3. überarbeitete, stark erweiterte Auflage

93 Farbfotos
40 Schwarzweißfotos
37 Zeichnungen und Diagramme

HERPETON
Verlag Elke Köhler

Dr. Gunther Köhler ist approbierter Tierarzt und promovierter Zoologe. Als Leiter der Sektion Herpetologie im Forschungsinstitut und Naturmuseum Senckenberg, Frankfurt am Main, beschäftigt er sich vor allem mit der Erforschung der Amphibien und Reptilien Mittel- und Südamerikas. 1986 gründete er die Arbeitsgemeinschaft Leguane in der DGHT, die er seitdem leitet.

Titel: Erwachsenes Weibchen und Jungtier von *Iguana iguana iguana* aus Curaçao, Niederländische Antillen. Foto: W. van Marken Lichtenbelt.

Titel Rückseite: Nachzuchttiere des Grünen Leguans. Foto: J. Pichler.

Foto Innenseite: Portrait eines juvenilen Grünen Leguans. Foto: J. Pichler.

Foto Vorwort: Adultes Leguanmännchen im Terrarium. Foto: B. Lechner.

Foto Inhaltsverzeichnis: Erwachsenes Männchen des Mittelamerikanischen Grünen Leguans, *Iguana i. rhinolopha*. Foto: J. Gábris.

Köhler, Gunther:
Der Grüne Leguan,
3. überarbeitete, stark erweiterte Auflage
Offenbach: Herpeton, 1998
ISBN 3-9802892-9-X

Fotos: wenn nicht anders angegeben, vom Verfasser.
Zeichnungen: Elke Köhler, außer Abb. 76, 79-85: Sabine Furtwängler
Layout und Satz: Elke Köhler, Offenbach
Druck: mt druck, Neu-Isenburg

© 1998 Herpeton, Verlag Elke Köhler, Im Mittelfeld 27, D-63075 Offenbach

Vorwort zur dritten Auflage

Seit dem Erscheinen der zweiten Auflage vor fünf Jahren haben die Kenntnisse über Biologie und Nachzucht des Grünen Leguans einen bedeutenden Zuwachs erfahren. Dies ist auf der einen Seite Wissenschaftlern zu verdanken, deren Studien im Freiland und im Labor wertvolle Informationen über diese Tierart verfügbar machten, aber auch den zahlreichen ernsthaften Amateuren, die bei der Pflege und Zucht (manche bis zur zweiten Tochtergeneration) von Grünen Leguanen wesentlich zu unserem heutigen Wissensstand der Bedürfnisse dieser Großechse beigetragen haben.

Nach wie vor ist der Grüne Leguan die am häufigsten in Menschenobhut gepflegte Großechse. Die immer noch sehr hohen Importzahlen sprechen allerdings auch für eine enorm hohe Sterblichkeitsrate, die wir bei unserem heutigen Kenntnisstand nicht akzeptieren dürfen. Die Gründe für den viel zu frühen Tod tausender Leguane sind oftmals leider Unkenntnis, Nachlässigkeit oder Ignoranz.

Nur mit einem soliden Wissen über die Biologie und die Bedürfnisse dieser Echsen sowie einem kontinuierlichen Engagement der verantwortlichen Pfleger ist eine langfristige erfolgreiche Haltung und Vermehrung von Grünen Leguanen möglich.

Ich freue mich, daß bereits wenige Jahre nach der letzten Auflage zahlreiche Anregungen befreundeter Leguanpfleger, viele neue Forschungsergebnisse, aber auch wichtige Änderungen der Gesetzeslage in diese Monographie über eine unvergleichliche Großechse einfließen können.

Gunther Köhler im März 1998

Inhalt

7. Pflege im Terrarium

8. Zucht

9. Der Karibische Grüne Leguan (*Iguana delicatissima*)

10. Erkrankungen

11. Bedrohung und Schutzmaßnahmen

12. Danksagung

13. Literaturverzeichnis

14. Erklärung einiger Fachausdrücke

15. Herstellernamen

16. Anhang mit Klimadiagrammen

17. Register

1. Einleitung

Die Sonne steht mittlerweile senkrecht am leuchtend blauen Himmel und die 32 Grad Celsius warme Luft wird nur von einer schwachen Brise bewegt. Das ein Meter und vierzig Zentimeter messende Reptil hatte sich zunächst auf einem abgestorbenen Ast in mittlerer Höhe des fast vierzig Meter hohen Urwaldriesen in der Sonne aufgewärmt und war nun in den Halbschatten gekrochen, um einige frische Triebe und junge Blätter zu fressen. Das erwachsene Männchen des Grünen Leguans (*Iguana iguana*), das wir im Regenwald von Honduras beobachten, ist mit seinem hohen Rückenkamm, der häutigen Kehlfahne und seiner Größe eine imposante Erscheinung und erinnert an längst ausgestorbene "Drachen". So wundert es nicht, daß OVIEDO 1526 den Eindruck seiner ersten Begegnung mit dem Grünen Leguan mit folgenden Worten beschrieb:

»Der Leguan ist eine Art vierbeinige Schlange, schrecklich anzusehen, aber gut zum Essen. (...) Nur wenige Menschen, die ihn lebend gesehen haben, wagen es, ihn zu essen, ausgenommen jene in diesem Land, die an dieses und an noch schrecklichere Ungetüme gewohnt sind.«

Daß wir heute darum bemüht sein würden, diesen "kleinen Drachen" im Terrarium zu pflegen und zu vermehren, hätte er sich sicher nicht träumen lassen.

Abb. 4. Grüner Leguan im Blätterdach des Regenwaldes (Utila, Honduras).
Foto: T. Eisenberg

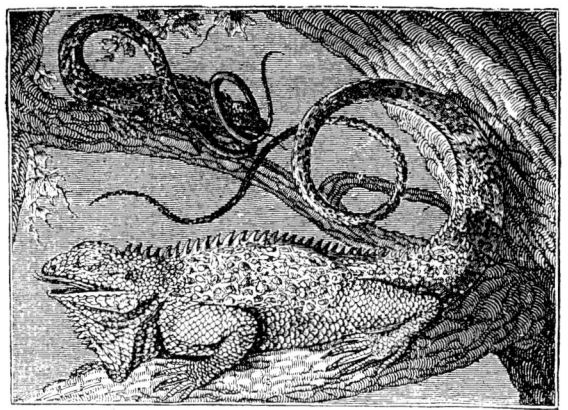

Abb. 5. Brockhaus-Darstellung des Grünen Leguans von 1838.

Noch 1838 schreibt das Brockhaus-Conversationslexikon: »(...) Jede Kinnlade ist mit einer Reihe dreieckiger, scharfgekerbter Zähne besetzt (...). Die langen und starken Beine sind an den Schenkeln mit löcherigen Schleimwarzen besät (...). Im Zustande der Aufregung glühen seine Augen, der Kropf schwillt auf, die Schuppen sträuben und sein Schwanz ringelt und schüttelt sich lebhaft (...).«

Schon 1844 gelangten die ersten Grünen Leguane in den Zoologischen Garten Berlin (PETZOLD 1982), und seit Jahrzehnten gehört diese Art zu den am häufigsten im Terrarium gepflegten Reptilien.

Der Grüne Leguan (*Iguana iguana*) zählt trotz seiner beträchtlichen Größe zu den beliebtesten Terrarientieren. Er kann ein hohes Lebensalter von über zwanzig Jahren erreichen und wird oft erstaunlich zahm. Bei der Pflege werden jedoch aus Unwissenheit oder Be-quemlichkeit häufig folgenschwere Fehler gemacht, welche die Lebenserwartung der betroffenen Tiere drastisch verkürzen können. Tatsächlich beruhen die meisten Erkrankungen bei im Terrarium gepflegten Leguanen auf Mißständen bei der Unterbringung und der Ernährung.

Um diese herrliche Großechse artgerecht halten zu können, muß man sich vorerst gründlich über die Lebensgewohnheiten freilebender Leguane informieren. Insbesondere bei der Ernährung dieser in der Natur fast ausschließlich herbivoren Tierart wird viel falsch gemacht, so daß schwere Stoffwechselstörungen nicht selten sind. Um den Grünen Leguan erfolgreich und regelmäßig züchten zu können, sollte sich jeder Halter mit der Fortpflanzungsbiologie der Tiere vertraut machen.

Die folgenden Kapitel sollen dem interessierten Leser vermitteln, welche Ansprüche Leguane an ihre Umwelt stellen und wie man diesen unter Menschenobhut gerecht werden kann. Ich gehe deshalb ausführlich auf die Freilandbiologie von *Iguana iguana* ein, um auf dieser Grundlage Pflege, Zucht und Erkrankungen zu besprechen. Bei den Erkrankungen beschränke ich mich auf solche, die auch der Laie äußerlich erkennen kann.

2. Name und Systematik

In Mittelamerika wird der Grüne Leguan »iguana verde«, seine Jungtiere »iguanitas« genannt. Im englischen Sprachraum heißt er »Green Iguana« oder auch »Common Iguana«, im französischen »Iguane vert«. *»Iguana«* ist das spanische Wort für das karibische »iwana«.

Innerhalb der Familie der Leguane (Iguanidae) zählen die Grünen Leguane (*Iguana*) zu den Großleguanen (Unterfamilie Iguaninae), zu denen außerdem die Meerechsen (*Amblyrhynchus*), Wirtelschwanzleguane (*Cyclura*), Schwarzleguane (*Ctenosaura*), Fidji-Leguane (*Brachylophus*), Galapagos-Landleguane (*Conolophus*), Wüstenleguane (*Dipsosaurus*) und Chuckwallas (*Sauromalus*) gehören (ETHERIDGE 1982, DE QUEIROZ 1987). Die 1989 vorgeschlagene Aufwertung dieser Unterfamilie zu einer eigenen Familie (FROST & ETHERIDGE 1989) ist sehr umstritten (BÖHME 1990, LAZELL 1992).

Die Großleguane zeichnen sich neben ihrer Körpergröße durch ihre vegetarische Ernährungsweise aus, die mit speziellen anatomischen Anpassungen des Verdauungstraktes (vgl. Kapitel 5.1.) einhergeht. Großleguane sind im Südwesten der Vereinigten Staaten, in Mexiko, in Mittel- und Südamerika, auf dem Galapagos-Archipel und auf den Fidji- und Tongainseln im Südpazifik verbreitet.

Der erste nomenklatorisch gültige Artname für den Grünen Leguan findet sich in der 10. Ausgabe von LINNÉS Systema Naturae aus dem Jahre 1758: *Lacerta iguana*. Während LINNÉ den Grünen Leguan noch mit einer Vielzahl anderer Echsen in die Sammelgattung *Lacerta* gestellt hatte, schuf LAURENTI zehn Jahre später für diese Art eine eigene Gattung: *Iguana*.

Nach der gültigen Erstbeschreibung des Grünen Leguans 1758 wurden für ein und dieselbe Art immer wieder neue wissenschaftliche Namen vorgeschlagen. Da aber nach den internationalen nomenklatorischen Regeln nur ein Name gültig sein kann, werden alle zusätzlichen Namen in die Synonymie von *Lacerta iguana* LINNAEUS 1758 gestellt. Folgende Synonymieliste gibt einen Überblick über die für den Grünen Leguan aufgestellten Namen (Primärzitate).

Abb. 6. Südamerikanischer männlicher Grüner Leguan (*Iguana iguana iguana*).

Iguana iguana (Linnaeus 1758) – Grüner Leguan

1758 *Lacerta iguana* Linnaeus, Syst. Nat., Ed. 10, 1: 206; <u>Terra typica</u>: "Indiis"; <u>Terra typica restricta</u>: Zusammenfluß von Cottica River und Perica Creek, Surinam (Hoogmoed 1973); <u>Syntypen</u>: NRM 114 und UUZM Linnean collection Nr. 10.

<u>Unterarten</u>: *Iguana iguana iguana* (Linnaeus 1758) und *Iguana iguana rhinolopha* Wiegmann 1834;

Iguana iguana iguana (Linnaeus 1758) – Südamerikanischer Grüner Leguan

1768 ? *Iguana minima* Laurenti (syn. fide Fitzinger 1843), Spec. Med., Synop. Rept., Wien, 48.

1768 *Iguana tuberculata* Laurenti (syn. fide Dunn 1934), Spec. Med., Synop. Rept., Wien, 48.

1802 *Iguana coerulea* Daudin (syn. fide Fitzinger 1843), Hist. Nat. Rept., Paris, 3: 286.

1806 *I.(guana) vulgaris* Link, Beschr. Natural.-Samml. Univ. Rostock., 2: 58.

1820 *Iguana sapidissima* Merrem, Tent. Syst. Amphib., Marburg, 47.

1825 *Iguana squamosa* Spix (syn. fide Gray 1831), Spec. Nov. Lacert. Brazil, Monachii, 1: 5; Pl. 5.

1825 *Iguana viridis* Spix (syn. fide Gray 1831), Spec. Nov. Lacert. Brazil., Monachii, 1: 6; Pl. 6.

1825 *Iguana coerulea* Spix (non Daudin 1802; syn. fide Fitzinger 1843), Spec. Nov. Lacert. Brazil., Monachii, 1: 7; Pl. 7.

1825 *Iguana emarginata* Spix (syn. fide Gray 1831), Spec. Nov. Lacert. Brazil., Monachii, 1: 7; Pl. 8.

1825 *Iguana lophyroides* Spix (syn fide Fitzinger 1843), Nov. Spec. Lacert. Brazil., Monachii, 1: 8; Pl. 9.

Iguana iguana rhinolopha Wiegmann 1834 – Mittelamerikanischer Grüner Leguan

1834 *Iguana (Hypsilophus) rhinolophus* Wiegmann (syn. fide Lazell 1973), Herp. Mex., Saur. Spec., Berlin, 44.

1857 ? *Iguana Hernandessi* Jan (nomen nudem fide Smith & Taylor 1950) Indice Sistem. Rett. e. Anfib. Medesimo, Milano, 58.

Iguana delicatissima Laurenti 1768 – Karibischer Grüner Leguan

Neben dem Grünen Leguan *I. iguana* kennen wir noch eine weitere Art in dieser Gattung *Iguana*: den Karibischen Grünen Leguan *I. delicatissima* (Abb. 7), der 1768 von Laurenti beschrieben wurde und in seiner Verbreitung auf einige Inseln in der Karibik beschränkt ist (s. a. S. 119). Auf wenigen Inseln der Kleinen Antillen, wie z.B. Les Iles des Saintes, kommen beide Arten auch gemeinsam (sympatrisch) vor, offensichtlich ohne daß eine Art die andere verdrängen würde (Lazell 1973).

1768 *Iguana delicatissima* Laurenti, Spec. Med., Synop. Rept., Wien, 48.

1820 *Iguana nudicollis* Merrem (Ersatzname für *Iguana delicatissima* Laurenti 1768), Tent. Syst. Amphib., Marburg, 48.

Abb. 7. *Iguana delicatissima.*
Foto: L. Wijffels

Abb. 8. *Iguana iguana rhinolopha* **auf der Insel Utila (Honduras).**

Bestimmungsschlüssel für die Arten und Unterarten der Gattung *Iguana*

1a Vergrößerte Schuppe unter dem Trommelfell vorhanden; keine Reihe deutlich vergrößerter Schuppen entlang der Unterkiefer; im Nackenbereich deutlich ausgebildete Tuberkelschuppen   *Iguana iguana 2*

b Keine vergrößerte Schuppe unter dem Trommelfell; eine Reihe deutlich vergrößerter Schuppen entlang der Unterkiefer; keine Tuberkelschuppen im Nackenbereich   *Iguana delicatissima*

2 a Schnauze ohne Höcker oder Stacheln; Männchen ohne intensive Orange- oder Rotfärbung während der Paarungszeit
Iguana iguana iguana

b Zwei bis drei (bei manchen Exemplaren auch vier) Höcker oder Stacheln auf der Schnauze; Männchen in der Regel mit intensiver Orange- oder Rotfärbung während der Paarungszeit   *Iguana iguana rhinolopha*

Die Systematik des Grünen Leguans, *Iguana iguana,* ist noch nicht in allen Punkten vollständig geklärt, wobei vor allem die Frage der Unterarten Schwierigkeiten bereitet.

Bei einem derartig großen Verbreitungsgebiet, wie es der Grüne Leguan bewohnt, ist es nicht verwunderlich, daß Populationen unterschiedlicher Standorte sich genetisch recht verschieden entwickelt haben (BOCK & MCCRACKEN 1988). Auch die Untersuchungen von IVERSON (1982) am Verdauungstrakt des Grünen Leguans haben ergeben, daß es sich bei *Iguana iguana* kaum um eine monotypische Art handeln kann. Er wies darauf hin, daß sich die Populationen des Grünen Leguans auf den nördlichen Kleinen Antillen (St. Croix, Montserrat) bezüglich der Darmmorphologie drastisch von den Populationen des übrigen Verbreitungsgebietes der Art unterscheiden. TRAJANO & GHIRINGHELLO (1978) haben Grüne Leguane aus dem Amazonas-Regenwald mit solchen aus den trockeneren Caatingas im nordöstlichen Brasilien verglichen und bei den untersuchten Körpermaßen nur minimale Unterschiede festgestellt.

Bereits 1834 hat WIEGMANN Grüne Leguane aus Mexiko, die sich von Exemplaren aus Südamerika durch zwei bis drei (bei manchen Exemplaren auch vier) weiche Schnauzenhöcker unterschieden (vgl. Abb. 8), als *Hypsilophus* (=*Iguana*) *rhinolophus* beschrieben. Nach den Untersuchungen von DUNN (1934) handelt es sich bei »*rhinolophus*« nur um eine Unterart des Grünen Leguans, *Iguana iguana rhinolopha*, die nördlich von Nicaragua vorkommt. LAZELL (1973) untersuchte vor allem Exemplare von den Kleinen Antillen (insgesamt 139 Exemplare). Jeweils ein Exemplar aus Nicaragua und Mexiko besaß keine Schnauzenhöcker, während fünf Leguane aus Brasilien "vergrößerte Schnauzenschuppen" aufwiesen. Daraus folgert er, daß es sich bei *Iguana iguana* um eine monotypische Art handele, also keine Unterarten zu unterscheiden seien.

Ich selbst habe im Süden Costa Ricas ausschließlich Grüne Leguane ohne Schnauzenhöcker gefunden, während Exemplare aus dem Nordosten des Landes (Tortuguero) immer dieses Merkmal aufwiesen.

Um etwas Klarheit in diese Angelegenheit zu bringen, habe ich 83 Grüne Leguane bekannter geographischer Herkunft (aus den Sammlungen des Forschungsinstitutes und Naturmuseums Senckenberg, Frankfurt a.M.; des Zoologischen Forschungsinstitutes und Museums Alexander Koenig, Bonn; und des Florida Museum of Natural History, Gainesville, Florida) auf dieses Merkmal hin untersucht. Alle Leguane aus Brasilien, Kolumbien, Surinam, Peru, Ecuador und Panama wiesen keine Schnauzenhöcker auf, bei Exemplaren aus dem Süden Costa Ricas (Corcovado und Manuel Antonio) fehlten sie ebenfalls oder waren höchstens angedeutet. Deutlich ausgeprägte Höcker besaßen nur Leguane, die von Lokalitäten nördlich von Costa Rica (Nicaragua, Honduras, Mexiko) stammten. Weiterhin unterschieden sich diese »*rhinolopha*«Exemplare von ihren südlichen Verwandten in der Regel durch einen hechtartigeren Kopf und eine intensivere Orange-Färbung von Kopf und Extremitäten.

Um dieses Problem endgültig klären zu können, müßte eine umfassende Studie zur Systematik, die neben der Erfassung morphologischer Merkmale auch biochemische Methoden wie z.B. vergleichende Serum-Elektrophorese, immunologische Verwandtschaftstests oder DNA-Fingerprinting einbeziehen sollte, durchgeführt werden. Solange diese aussteht, halte ich es für ratsam, für »*rhinolopha*« den Unterartstatus beizubehalten (contra BOONMAN 1993).

3. Ursprung und Besiedlungsgeschichte der Grünen Leguane

Der älteste Fossilfund, der eindeutig als Vertreter der Iguaninae zu identifizieren ist, stammt aus dem frühen Miozän von New Mexico (NORELL & DE QUEIROZ 1991). Weitere fossile Iguaninae aus dem Pliozän bestätigen, daß der Ursprung dieser Tiergruppe im Südwesten der U.S.A. oder im nördlichen Mexiko zu vermuten ist.

Mit Beginn des Pliozäns setzte in Mexiko und Mittelamerika eine Klimaveränderung ein, die zu einer Abkühlung und zu trockeneren Lebensräumen führte. Dadurch verlagerte sich die Verbreitung des Grünen Leguans nach Süden.

Nach Südamerika sind sie erst in vergleichsweise jüngerer Zeit eingewandert, da die Kontinente Nord- und Südamerika bis zum Ende des Miozäns (vor drei bis fünf Millionen Jahren) durch eine Meeresstraße, das sogenannte Panama-Portal, getrennt waren. Dies verhinderte Tierwanderungen zwischen den Kontinenten weitgehend. Erst mit der Bildung der Landbrücke im Pliozän war es den Grünen Leguanen möglich, sich nach Südamerika auszubreiten und von dort aus einige Inseln der Kleinen Antillen zu erreichen (vgl. Abb. 10). Bedingt durch die Inselisolation hat sich der Karibische Grüne Leguan (*I. delicatissima*) als eigenständige Art entwickelt.

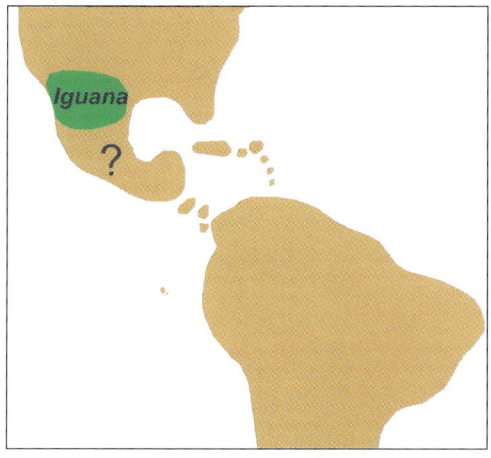

Abb. 9. Vermutliche Verbreitung der Grünen Leguane vor 24-5 Mio. Jahren (Miozän).

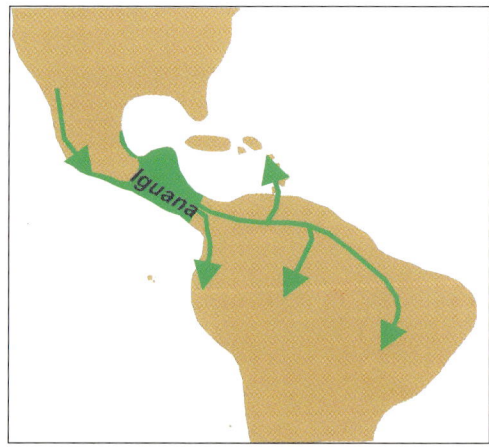

Abb. 10. Vor 5-1,8 Mio. Jahren (Pliozän) wanderten die Grünen Leguane nach Südamerika ein.

Die meisten anderen Arten von Großleguanen (*Amblyrhynchus* spp., *Conolophus* spp., *Ctenosaura* spp. in part., *Cyclura* spp., *Dipsosaurus* spp., *Sauromalus* spp.) sind Bodenbewohner. Es wird angenommen, daß die Grünen Leguane die ökologische Nische des Baumbewohners erst in geologisch verhältnismäßig junger Zeit besetzt haben. In dieser Nische waren sie sehr erfolgreich und haben sich über die gesamte warme Neotropis (Mittelamerika und tropisches Südamerika) verbreitet (RAND 1978, RODDA 1992).

In Mexiko und Mittelamerika, wo sich zwei baumbewohnende, vegetarische Großechsen den Lebensraum teilen, nämlich Schwarzleguane und Grüne Leguane, haben die Grünen Leguane Merkmale entwickelt, die bei ihren Artgenossen in Südamerika fehlen. Zu diesen Merkmalen gehören die Nasenhöcker sowie die intensive Orangefärbung während der Paarungszeit. RODDA (1992) vermutet, daß diese Merkmale entstanden sind als zusätzliche sichtbare Artbarrieren zwischen Grünen Leguanen und Schwarzleguanen, als Mechanismus gegen zwischenartliche Paarungsversuche. In Südamerika, wo der Grüne Leguan die einzige baumbewohnende, vegetarische Großechse ist, treten diese Merkmale nicht auf. Nach dieser Hypothese waren die Schwarzleguane einer der Faktoren, die zur morphologischen Differenzierung der Mittelamerikanischen Grünen Leguane (*I. i. rhinolopha*) gegenüber der Nominatform (*I. i. iguana*) geführt haben.

Abb. 11 (oben). Schwarzer Leguan (*Ctenosaura similis*) in San Patricio (Yoro, Honduras).

Abb. 12 (unten). Grüner Leguan in Manuel Antonio (Costa Rica) mit intensiver Rot-Orange-Färbung.
Foto: C. Kemmetter

4. Beschreibung und Geschlechtsunterschiede

Der größte bisher bekannt gewordene Grüne Leguan wies eine Gesamtlänge von 230 cm bei einem Gewicht von 10,5 kg auf. Dieser "Riese" befindet sich im »Chicago Museum of Natural History« (GABRIS, schriftl. Mitt. 1992). Die meisten Grünen Leguane erreichen jedoch "nur" eine Gesamtlänge von 120-140 cm (Männchen) bzw. 90-110 cm (Weibchen) bei einer Kopf-Rumpflänge (KRL) von 45-55 cm (Männchen) bzw. 35-45 cm (Weibchen), wobei die Weibchen nur durchschnittlich 75 % vom Gewicht der Männchen aufweisen (DUGAN 1982b, FITCH 1973).

Iguana iguana hat einen relativ großen Kopf und einen leicht seitlich (lateral) abgeflachten Rumpf. Die relative Kopflänge (Kopflänge/KRL) beträgt 0,16 - 0,22, die relative Kopfbreite (Kopflänge/Kopfbreite) 1,2 - 1,7 (AVILA-PIRES 1995). Charakteristisch ist ein großer häutiger Kehlsack, der an seinem vorderen Teil einen Stachelkamm trägt und mit Hilfe einer zum Zungenbeinapparat gehörenden Knochenspange zu voller Größe entfaltet werden kann. Grüne Leguane haben einen hohen Rückenkamm, der aus 47- 73 Stacheln besteht und sich ohne Unterbrechung bis zum ersten Schwanzdrittel fortsetzt. Der Schwanz ist etwa dreimal so lang wie die KRL (2,7 - 3,2; im Durchschnitt 2,9). Die Extremitäten sind kräftig ausgebildet, mit scharfen Krallen an den Zehen. Auf der Unterseite der Oberschenkel befinden sich 9-23 Femoralporen, die jeweils in einer Reihe angeordnet sind (vgl. "Geschlechtsunterschiede").

Über die Beschuppung des Kopfes informiert Abb. 13. Das große Schnauzenschild (Rostrale) wird an der Hinterseite von 9 - 14 Schuppen begrenzt. Die Schnauze ist von großen, leicht konvex geformten Platten bedeckt. Etwa ebenso große Schilde bilden die supraorbitalen Halbkreise, zwei im Bogen verlaufende Schuppenreihen zwischen den Oberaugenschuppen, die breit miteinander in Kontakt stehen oder aber durch eine Reihe kleiner Schuppen getrennt sein können.

Ein auffälliges Merkmal des Grünen Leguans ist die große Schuppe (bei manchen Tieren sind es auch zwei) unterhalb des Trommelfells, die sogenannte Subtympanalschuppe. Bei erwachsenen Männchen wölbt sie sich durch Muskelvergrößerung und Fetteinlagerung hervor und ist bevorzugtes Beißziel bei Auseinandersetzungen zwischen zwei Männchen. Dadurch werden empfindlichere Kopf- und Körperteile verschont.

Bei Grünen Leguanen ist das Parietalauge deutlich ausgebildet und als

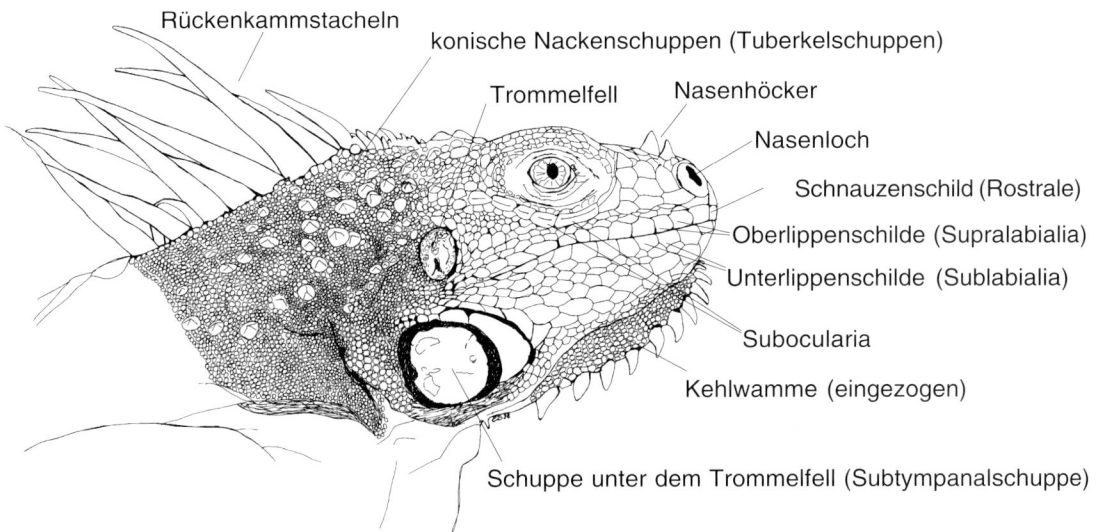

Abb. 13. Seitliche Kopfansicht eines Grünen Leguans *(Iguana iguana rhinolopha)*.

heller Fleck im Zentrum des Interparietalschildes zu erkennen. Mit Hilfe dieses "Dritten Auges" können die Tiere nicht nur hell und dunkel, sondern auch Farben unterscheiden (vgl. auch Kapitel "Natürliche Feinde").

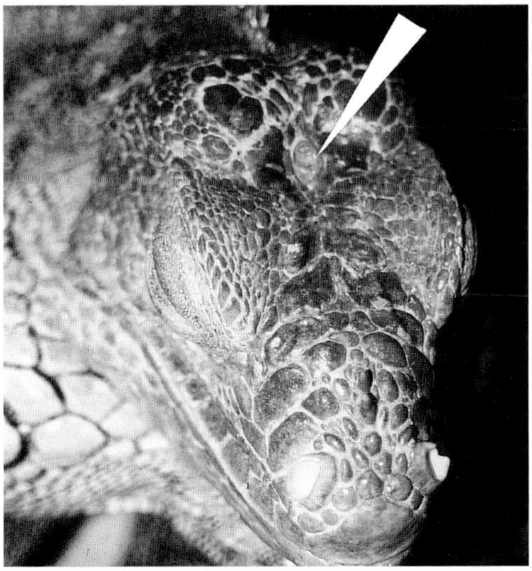

Färbung

Jungtiere und junge erwachsene Tiere sind leuchtend grün gefärbt. Sie besitzen einen gelb umrandeten schwarzen Fleck auf den Augenlidern. Die Funktion dieses Merkmals ist unbekannt, eventuell hat es eine Bedeutung im Gruppenverhalten der juvenilen Leguane, die sich aufgrund ihrer Tarnfärbung sonst nur schwer ausmachen könnten (GREENE et al. 1978).

Ab einem Alter von vier bis sechs Jahren weisen sie meist eine graubraune bis olivgrüne, manche aber auch eine türkise Grundfärbung mit dunklen, hell gesäumten Querbinden auf der Unterseite auf. Während der Rücken

Abb. 14. Parietalauge auf der Kopfoberseite bei *Iguana iguana*.   Foto: B. Kroker

Abb. 15 (links). Erwachsenes Männchen von *Iguana iguana iguana* mit türkiser Grundfärbung.

Abb. 16 (rechts). Die Tiere mancher Inselpopulationen sind fast schwarz gefärbt. Erwachsenes Männchen von El Yaque, La Blanquilla (Venezuela).
Foto: L. Wijffels

Abb. 17 (links unten). Bis zu einem Alter von ca. einem Jahr sind die Jungleguane leuchtend grün gefärbt.

der meisten Leguane zeichnungslos ist, findet man bei einigen Exemplaren auch eine ausgeprägte Netzzeichnung. Die Tiere mancher Inselpopulationen sind nahezu schwarz gefärbt (WIJFFELS mündl. Mitt. 1997; vgl. Abb. 16).

Während der Paarungszeit werden bei einigen Exemplaren (insbesondere der *rhinolopha*-Unterart) Kopf und Vorderbeine - eventuell auch der ganze Körper - rot-orange bis golden. Diese Färbung ist jedoch in Verteilung und Intensität unabhängig vom Geschlecht (DUGAN 1982b). In Manuel Antonio (Costa Rica) habe ich 1992 einen Grünen Leguan beobachten können, der einen intensiv ziegelrot gefärbten Kopf und Rückenkamm besaß (Abb. 18).

Die Färbung variiert aber auch mit dem Gemütszustand (Erregung, Unwohlsein, Streß) der Leguane. Tiere, die sich unwohl fühlen, verfärben sich dunkel bis fast schwarz. Bei gestreßten oder kranken Leguanen habe ich auch eine gelbe bis gelb-grüne Färbung, zum Teil mit schwarzer Fleckung beobachtet.

Abb. 18 (oben).Grüner Leguan mit rot gefärbtem Kopf und Rückenkamm in Manuel Antonio (Costa Rica).

Foto: C. Kemmetter

Abb. 19 (rechts). Weiblicher Grüner Leguan im Nationalpark Corcovado (Costa Rica). Foto: J. Gábris

4.1. Geschlechtsunterschiede

Ausgewachsene Männchen haben einen sehr massigen Kopf. Die Backen im Bereich der vergrößerten Schuppen unter dem Trommelfell treten durch Muskelvergrößerung sowie Einlagerungen von Fettgewebe bei großen Männchen wulstig hervor. Bei ihnen ist der Kehlsack etwa 30 % größer als bei den Weibchen (BAKHUIS 1982).

Am deutlichsten lassen sich ausgewachsene Grüne Leguane jedoch anhand der Ausbildung von Rückenkamm und Femoralporen unterscheiden. Ab einem Alter von etwa einem Jahr sind Männchen und Weibchen an den unterschiedlich großen Femoralporen eindeutig zu erkennen (s. Tab. 1).

Bei geschlechtsreifen Männchen beträgt der Durchmesser der größten Femoralporen 1,0 - 4,5 mm, während er bei den Weibchen in der Regel unter 1 mm bleibt (RODDA 1991).

Alter	Femoralporendurchmesser	
	Männchen	Weibchen
8 Monate	0,8 - 0,9 mm	0,7 - 0,8 mm
12 Monate	0,9 -1,0 mm	0,7 - 0,8 mm
16 Monate	1,3 - 1,5 mm	0,7 - 0,8 mm
20 Monate	1,4 - 1,7 mm	0,7 - 0,8 mm

Tabelle 1. Durchmesser der größten Femoralporen bei Grünen Leguanen. (nach ALBERTS et al. 1992a)

Auch der Rückenkamm ist bei den adulten Männchen wesentlich höher (bis zu 50 mm) als bei gleich großen Weibchen. Bei beiden Geschlechtern wachsen die Rückenkammstacheln zunächst im Halsbereich am schnellsten. Während nun im Laufe des weiteren Wachstums bei den Männchen die übrigen Kammbereiche relativ rasch das Niveau des Halsbereiches erreichen, finden sich bei den Weibchen zeitlebens die höchsten Rückenkammstacheln im Halsbereich (RODDA 1991).

Ein weiteres, relativ sicheres Unterscheidungskriterium sind die beim adulten Männchen gut sichtbaren Hemipenistaschen ventral am Schwanzansatz (vgl. Kapitel 5.2., S. 27). Entgegen den Empfehlungen von RIVAS & ÁVILA (1996) rate ich dringend vom Einführen einer Sonde in die Hemipenistaschen zur Geschlechtsbestimmung ab, da diese Methode bei Jungtieren unzuverlässig ist und es zu Verletzungen kommen kann. Bei erwachsenen Leguanen lassen die sekundären Geschlechtsmerkmale (siehe oben) in der Regel eine eindeutige Geschlechtsdiagnose zu, so daß ein Sondieren überflüssig ist.

Schwierigkeiten bereitet die Geschlechtsbestimmung bei kleinen und bei von dominanten Tieren unterdrückten Männchen, da diese in Aussehen und Verhalten den Weibchen gleichen (sexuelle Mimikry, DUGAN 1982b).

MÄNNCHEN

WEIBCHEN

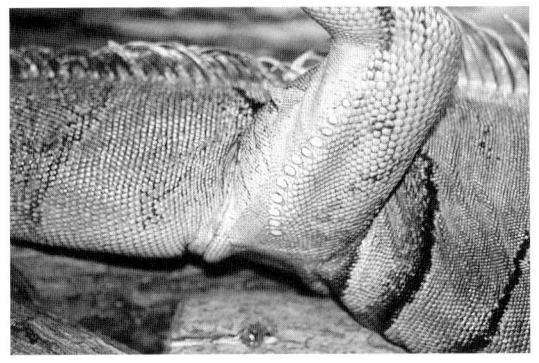 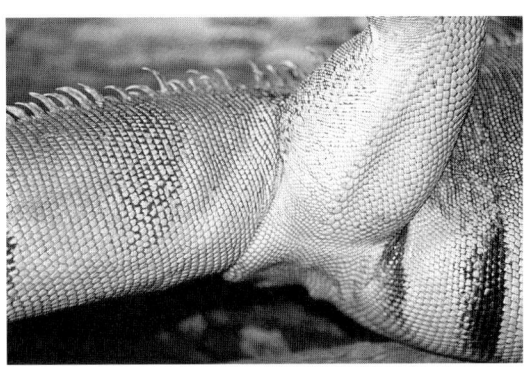

Abb. 20 und 21. Ausprägung der Femoralporen bei männlichen (links) und weiblichen (rechts) Grünen Leguanen.   Fotos: B. Kroker

Abb. 22 und 23. Beim erwachsenen männlichen Grünen Leguan (links) wölben sich an der Schwanzwurzel die Hemipenistaschen gut sichtbar vor.   Fotos: B. Kroker

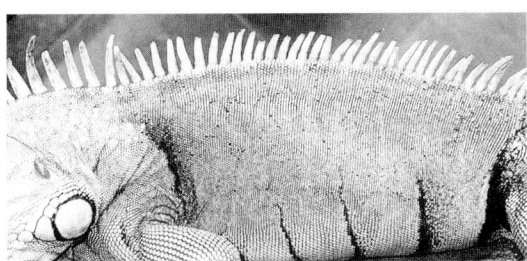 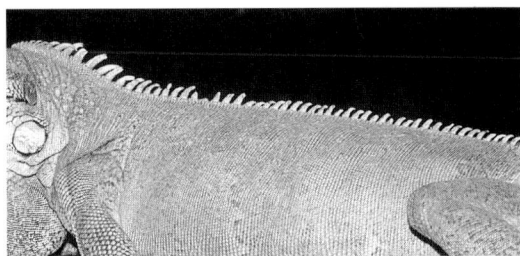

Abb. 24 und 25. Ausprägung des Rückenkamms. Die höchsten Rückenkammstacheln finden sich beim weiblichen Tier (rechts) stets im Nackenbereich.

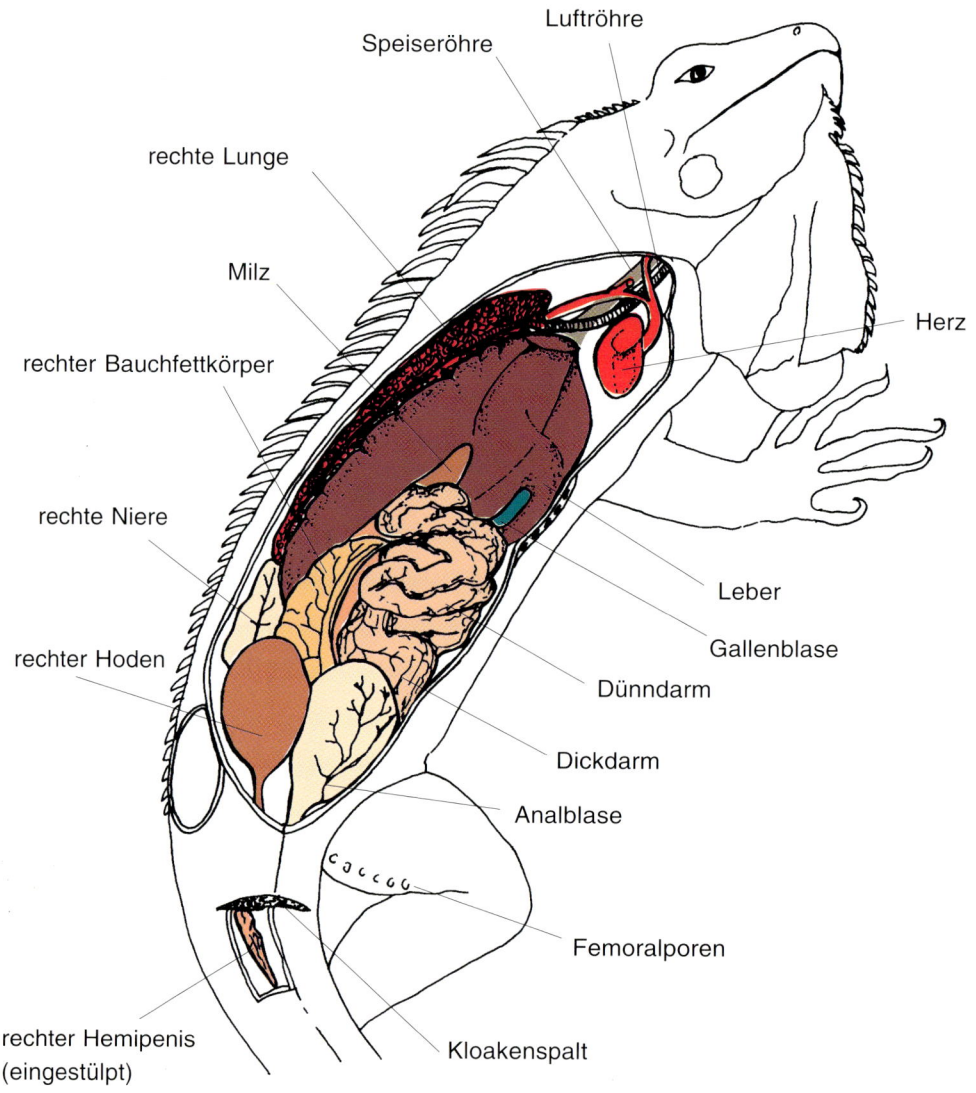

Luftröhre

Speiseröhre

rechte Lunge

Milz

rechter Bauchfettkörper

Herz

rechte Niere

Leber

rechter Hoden

Gallenblase

Dünndarm

Dickdarm

Analblase

Femoralporen

rechter Hemipenis
(eingestülpt)

Kloakenspalt

**Abb. 26. Innere Organe (Seitenansicht) des Grünen Leguans (männliches Tier).
(verändert nach** GRZIMEK **1971)**

5. Kurze Betrachtung der Anatomie

Das äußere Erscheinungsbild des Grünen Leguans wurde bereits in Kapitel 4 beschrieben. Im folgenden möchte ich noch einige, für den Pfleger relevante Aspekte der inneren Anatomie dieser Echse besprechen, wobei ich insbesondere auf den Verdauungs- Urogenital- und Atmungstrakt eingehen werde.

5.1. Verdauungsapparat

Mund- und Rachenhöhle, Speiseröhre und Magen bilden den vorderen, der Dünndarm den mittleren und der Dickdarm (Colon und Rektum) sowie die Kloake den hinteren Abschnitt des Verdauungstraktes. Statt eines Blinddarmes besitzt der Grüne Leguan nur eine blinddarmartige Erweiterung des Colons. Als Anhangsorgane des Verdauungstraktes sind insbesondere die Leber und die Bauchspeicheldrüse zu nennen.

Die Lippen des Grünen Leguans sind nicht muskulös und daher unbeweglich. Die sehr bewegliche fleischige Zunge dient neben der Nahrungsaufnahme auch als ein wichtiges Hilfsorgan bei der Duftstoffkontrolle. Die durch das „Züngeln" an ihr haften gebliebenen Duftstoffe werden beim Zurückziehen der Zunge zu dem im vorderen Munddach befindlichen Ja-cobsonschen Organ befördert und dort wahrgenommen. Die nur wenig differenzierten (homodonten) Zähne befinden sich wie bei allen Iguaniden an der Innenseite der Kiefer (pleurodont; vgl. Abb. 27).

Die Speiseröhre (Ösophagus) beginnt hinter der Luftröhrenöffnung (Glottis) und ist verhältnismäßig lang. Sie weist Längsfalten auf, die notwendig sind, um eine entsprechende Dehnung beim Durchtritt von Nahrungsbestandteilen zu ermöglichen. Die Speiseröhre verläuft dorsal von der Leber und mündet schließlich in den Magen. Der vordere (kardiale) Teil des Magens ist erweitert, weist wesentlich stärker ausgebildete Längsfalten als die Speiseröhre auf und befindet sich auf der linken Körperseite. Dorsal des Magens liegt die längliche Milz, die je nach Blutfülle eine blau- bis purpurrote Färbung

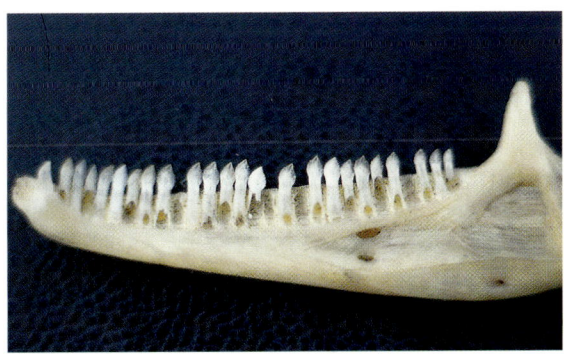

Abb. 27. Die Zähne befinden sich an der Innenseite des Kiefers. Foto: J. Gábris

aufweist. In seinem weiteren Verlauf zieht der Magen zur rechten Körperseite, wobei ihm die Bauchspeicheldrüse (Pankreas) eng anliegt. Am Magenausgang (Pylorus) befindet sich vor der Einmündung in den Dünndarm ein wallförmiger Ringmuskel.

Der Dünndarm öffnet sich schließlich in das mächtig erweiterte Colon. Der Anfangsteil dieses Darmabschnitts wird von einer großen Aussackung, der blinddarmartigen Erweiterung geprägt. Im weiteren Verlauf des Colons befinden sich eine vollständige zirkuläre und 3-6 halbmondförmige Querfalten, die diesen Darmabschnitt in Kompartimente unterteilen (Abb. 28) und für die mikrobielle Verdauung von großer Bedeutung sind (IVERSON 1982).

Das Colon verengt sich schließlich zum Rektum, welches in die Kloake mündet. Die Kloake wird in drei Abschnitte unterteilt, und zwar das Coprodaeum, in welches der Enddarm

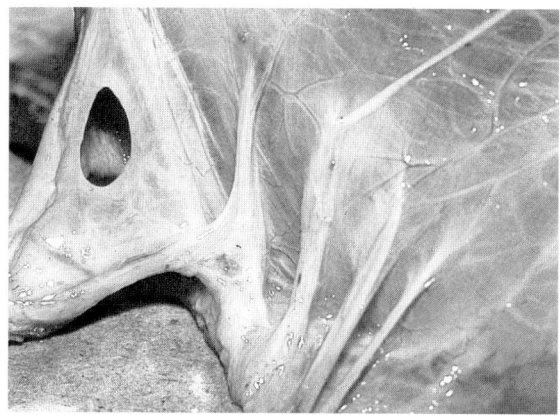

Abb. 28. Dickdarm mit deutlich sichtbaren Querfalten.   Foto: J. Gábris

mündet, das Urodaeum mit den Öffnungen der Harn- und Geschlechtsorgane und schließlich das Proctodaeum, welches den hinteren Abschnitt der Kloake bildet.

Die braun- bis schwarzrote Leber beansprucht einen beträchtlichen Teil des vorderen Bauchraumes. Sie liegt hinter dem Herzen und ist in einen Dorsal- und einen Ventrallappen gegliedert. Die grüne Gallenblase ist am vorderen Teil des Ventrallappens lokalisiert.

5.2. Urogenitaltrakt

Die paarigen Nieren sind von braunroter Farbe. Sie liegen extrem weit hinten in der Körperhöhle und reichen bis ins Becken hinein. Der hintere Teil der rechten und linken Niere ist miteinander verwachsen. Die Harnleiter (Ureter) verlaufen entlang der Ventralfläche der entsprechenden Niere. Beim weiblichen Leguan münden die Harnleiter durch die Harnleiterpapille, die sich dicht hinter der Genitalpapille (Öffnung des Eileiters) befindet, in die Kloake. Beim Männchen münden Harnleiter und Samenleiter gemeinsam durch eine Papille (Urogenitalpapille) in die Kloake.

Die Eierstöcke (Ovarien) der weiblichen Leguane befinden sich vor den Nebennieren dorsal seitlich von der Körpermitte etwa am Übergang vom 2. zum 3. Drittel der Leibeshöhle. Die Follikel sind als blasige Gebilde je nach Funktionsstadium des Organs mehr oder weniger deutlich erkennbar. Die im inaktiven Zustand flachen Eileiter (Ovidukte) verlaufen seitlich von jedem Eierstock nach hinten zur Kloake.

Die länglichen Hoden (Testes, Einzahl: Testis) befinden sich beim männlichen Leguan an der gleichen Stelle wie die Eierstöcke der Weibchen und sind wie diese etwas gegeneinander versetzt. Ihre Größe beträgt etwas mehr als 1% der Körpermasse, unterliegt aber wie die der Ovarien zyklischen Veränderungen (RODDA 1992). Der schlauchförmige Nebenhoden (Epididymis) befindet sich seitlich vom Hoden und mündet in den Samenleiter, welcher über die Ventralfläche der entsprechenden Niere bis hin zur Kloake verläuft.

Die männlichen Leguane haben ein paariges Kopulationsorgan (Hemipenes, Einzahl: Hemipenis), das allerdings keine direkte Verbindung mit den Samenleitern aufweist. Vielmehr zeigt jeder Hemipenis auf der Ventralseite eine Rinne (Sulcus spermaticus), über welche die Spermien in die weibliche Kloake gelangen. Die Hemipenes liegen an der Unterseite der Schwanzwurzel und können durch die hintere Kloakenwand wie Handschuhfinger nach außen aus- und umgestülpt werden. Bei der Paarung wird stets nur der dem Weibchen zugewandte Teil in dessen Kloake eingeführt.

5.3. Atmungsapparat

Unmittelbar hinter der Zungenbasis befindet sich die knorpelige Luftröhrenöffnung (Glottis), die während der Atempausen von einem Deckel (Epiglottis) verschlossen wird (Abb. 29). Die von Knorpelringen gestützte Luftröhre (Trachea) teilt sich in Höhe des Herzens in die beiden Hauptbronchien, welche je einen Lungenflügel versorgen. Die Lungen liegen dorsal von der Leber im oberen Teil der Pleuroperitonealhöhle. Der vordere Teil eines jeden Lungenflügels zeigt eine deutliche Kammerung, während der hintere von sackartiger Struktur ist.

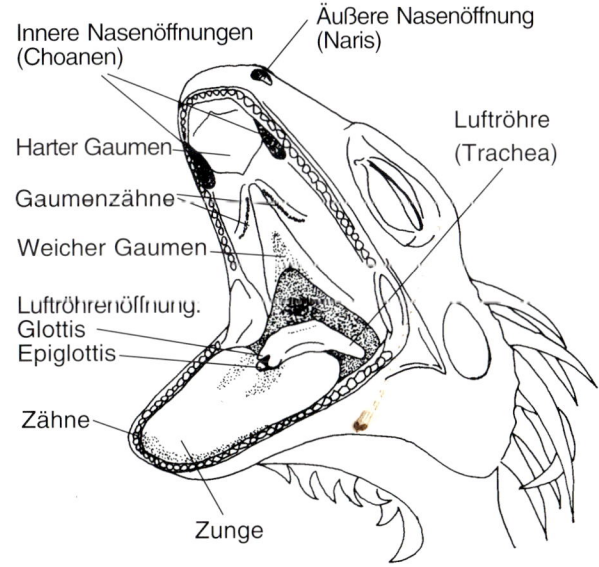

Abb. 29. Mundhöhle eines Leguans. (verändert nach OLDHAM & SMITH 1975)

6. Freilandbiologie

6.1. Verbreitung

Der Südamerikanische Grüne Leguan (Nominatform *Iguana iguana iguana*) ist im südlichen Mittelamerika (Costa Rica und Panama) und großen Teilen Südamerikas verbreitet. Im Süden reicht das Areal etwa bis zum 20. Südlichen Breitengrad in Bolivien, Paraguay und Brasilien (ETHERIDGE 1982, AVILA-PIRES 1995). Die Unterart *Iguana iguana rhinolopha* (Mittelamerikanischer Grüner Leguan) ist vom nördlichen Mexiko bis nach Costa Rica verbreitet, wobei die Nordgrenze im westlichen Mexiko etwa bei der Stadt Costa Rica, Sinaloa, und im östlichen Mexiko bei Laguna de Tamiahua, Veracruz, liegt (ETHERIDGE 1982). Im westlichen Mexiko (Sinaloa bis Oaxaca) besiedelt der Grüne Leguan nur den wenige Kilometer breiten Vegetationsstreifen zwischen Küste und Gebirge, der von zahlreichen Flüssen durchzogen wird (GÁBRIS 1993).

Abb. 30. Habitat in Tortuguero, Costa Rica. Meist kommt der Grüne Leguan in der Nähe von großen Flüssen vor. Hier hält er sich bevorzugt in der Ufervegetation auf.

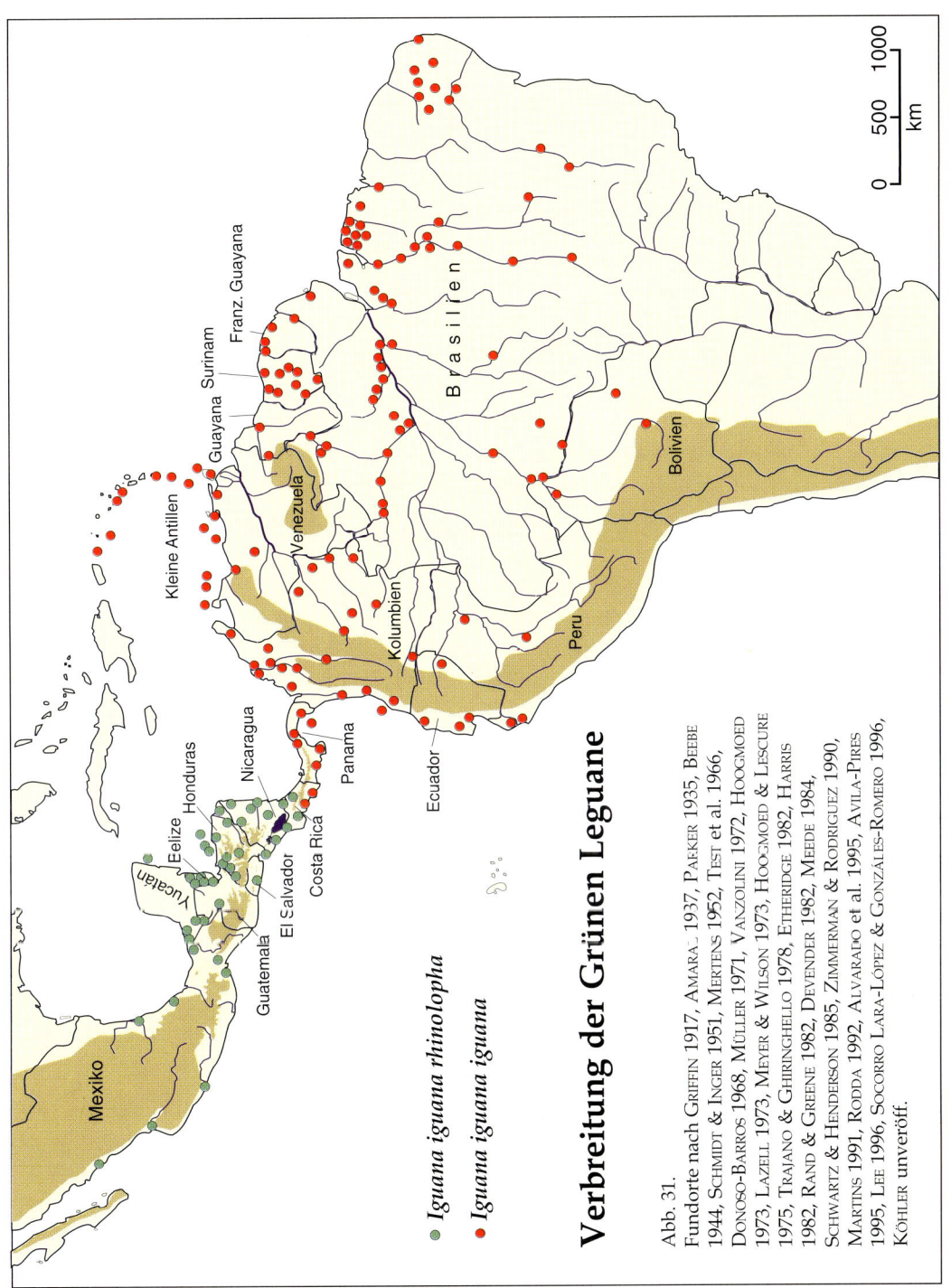

Iguana iguana rhinolopha (grün)
Iguana iguana iguana (rot)

Verbreitung der Grünen Leguane

Abb. 31.
Fundorte nach GRIFFIN 1917, AMARAL 1937, PARKER 1935, BEEBE 1944, SCHMIDT & INGER 1951, MERTENS 1952, TEST et al. 1966, DONOSO-BARROS 1968, MÜLLER 1971, VANZOLINI 1972, HOOGMOED 1973, LAZELL 1973, MEYER & WILSON 1973, HOOGMOED & LESCURE 1975, TRAJANO & GHIRINGHELLO 1978, ETHERIDGE 1982, HARRIS 1982, RAND & GREENE 1982, DEVENDER 1982, MEEDE 1984, SCHWARTZ & HENDERSON 1985, ZIMMERMAN & RODRIGUEZ 1990, MARTINS 1991, RODDA 1992, ALVARADO et al. 1995, AVILA-PIRES 1995, LEE 1996, SOCORRO LARA-LÓPEZ & GONZÁLES-ROMERO 1996, KÖHLER unveröff.

Der Grüne Leguan hat zahlreiche Inseln besiedelt, die der Pazifischen oder Karibischen Küste vorgelagert sind: vor der Küste des nördlichen Südamerikas die Inseln Margarita, Los Testigos, Los Frailes, Los Hermanos, La Blanquilla, La Tortuga, Isla Orchilla, Los Roques, Isla Aves, Bonaire, Klein-Bonaire, Curaçao, Aruba, Trinidad und Tobago; weiterhin das Archipiélago de las Perlas im Golf von Panama und Isla Gorgona vor der Pazifikküste von Kolumbien; vor der Karibikküste Mittelamerikas die Islas de la Bahia (Utila, Roatán und Guanaja) sowie Isla Cozumel (Mexiko). Auf den Kleinen Antillen wurde der Grüne Leguan auf den folgenden Inseln nachgewiesen (vgl. auch Abb. 142, S. 119): Virgin Islands (St. Thomas, St. John, St. Croix, Tortola und Guana Island), Saba, Montserrat, Guadeloupe, Les Iles des Saintes, St. Lucia, St. Vincent und Grenada (LAZELL 1973, ETHERIDGE 1982, SCHWARTZ & HENDERSON 1985). Auf den genannten Inseln der Kleinen Antillen kommt der Grüne Leguan natürlicherweise (autochthon) vor und wurde entgegen früheren Vermutungen nicht eingeschleppt (DUNN 1934, LAZELL 1973). Sein Auftreten im Süden Floridas (DENZER 1985, GORE 1976, KING & KRAKAUER 1966, STILING 1989, WILSON & PORRAS 1983) beruht jedoch unzweifelhaft auf dem Einfluß des Menschen. In Süd-Florida wurden mehrfach frisch geschlüpfte Jungtiere des Grünen Leguans beobachtet, was dafür spricht,

daß die eingeschleppten *I. iguana* sich dort auch fortpflanzen (EHRIG pers. Mitt. 1996).

6.2. Lebensraum

Der bevorzugte Biotop des Grünen Leguans ist der Wald des Tieflandes, meist in der Nähe von Bächen, Flüssen und Seen. Allerdings wurden in Südamerika Populationen dieser tagaktiven Großechse auch in isolierten Waldgebieten inmitten von Savannen fernab von offenem Wasser gefunden (HOOGMOED 1973, CUNHA 1981, GASC 1990). Im Lebensraum müssen große Bäume in ausreichender Menge vorhanden sein, die den Tieren Nahrung, Schutz, Feuchtigkeit, Sonnen- und Schattenplätze bieten. In den Trockengebieten Mexikos kommt *I. iguana* nur in den Galeriewäldern entlang der großen Flüsse und an den Plantagengrenzen vor. Dort wird eine intensive Landwirtschaft durch ein gut ausgebautes Bewässerungssystem ermöglicht. Das Wasser wird aus tiefen Brunnen emporgefördert und über lange Kanäle an den Rändern der Plantagen durch die Landschaft geführt. Gerade diese Plantagengrenzen bilden einen hervorragenden Lebensraum für Grüne Leguane. Hier entwickelt sich im Vergleich zum Plantageninnern, in dem der Unterbewuchs regelmäßig niedergebrannt wird, eine reichhaltige Vegetation (GÁBRIS 1993).

Während erwachsene Leguane sich meist in den Wipfeln der Bäume aufhalten, sind Jungtiere in geringerer Höhe und in Sträuchern anzutreffen. Ich habe erwachsene Grüne Leguane aber auch beim Sonnen in der Ufervegetation in Tortuguero, Costa Rica, beobachten können (Abb. 35). Leguane sind gute Schwimmer und Taucher, was mir die Echsen durch Sprünge ins Wasser aus unterschiedlicher Höhe (bis zu 10 m) eindrucksvoll demonstrierten, wenn ich mich ihnen auf einige Meter näherte.

6.3. Klima

Die klimatischen Bedingungen im Lebensraum des Grünen Leguans können je nach Standort recht unterschiedlich sein (vgl. Abb. 32 sowie S. 156). Im tropischen Regenwald Mittel- und Südamerikas liegen die Tagestemperaturen im Schatten bei 30-35 °C und sinken nachts auf Werte von 20-26 °C. Diese Bedingungen herrschen in den Tropen und Subtropen nur im Flachland, weshalb der Grüne Leguan in seiner vertikalen Verbreitung 1000 m N.N. kaum überschreitet.

Der klimatische Jahreszyklus beinhaltet eine Regen- und eine Trockenperiode; letztere dauert mindestens drei Monate an, was für die erfolgreiche Inkubation der Eier von Bedeutung ist. Die Gesamtmenge der jährlichen Niederschläge variiert je nach Ort von 800 mm (z.B. Mazatlán, Mexiko, oder

Guayaquil, Ecuador) bis über 4000 mm (z.B. Villaviciencio, Kolumbien). Während in Mexiko und Mittelamerika die Trockenzeit von November oder Dezember bis April oder Mai andauert (vgl. S. 156), beginnt sie im nördlichen Südamerika im Mai oder Juni und dauert je nach Lokalität drei (z.B. Manaus und Corumbá, Brasilien) bis acht (z.B. Guayaquil, Ecuador) Monate an (vgl. S. 156). Im prämontanen Regenwald (500 bis 900 m N.N.) auf der Amazonasseite Ecuadors fehlt der Grüne Leguan, da eine Trockenzeit dort nicht existiert; die Niederschläge sind in diesem überaus regenreichen Gebiet (mehr als 6000 mm pro Jahr) weitgehend gleichmäßig über das Jahr verteilt (KÖHLER, unveröff.)

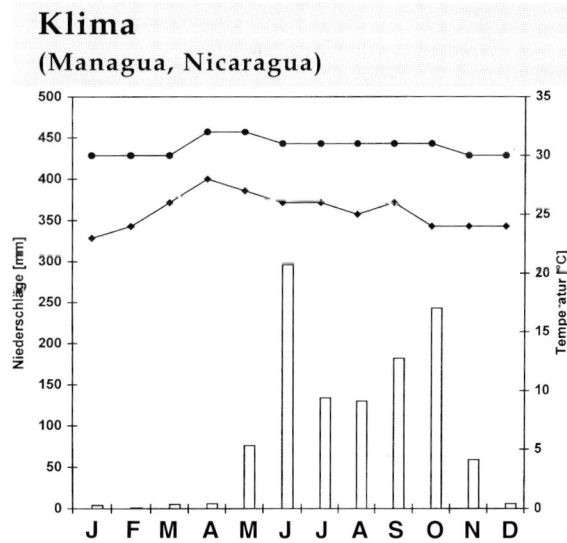

Klima
(Managua, Nicaragua)

Abb. 32. Mittlere monatliche Niederschläge (Balken) sowie mittlere Tages- (obere Kurve) und Nachttemperaturen (untere Kurve), nach MÜLLER 1996.

6.4. Lebensweise

Der Grüne Leguan ist ein tagaktiver Baumbewohner, der außerhalb der Fortpflanzungssaison die überwiegende Zeit seiner täglichen "Aktivitätsperiode" bewegungslos, also ruhend im Geäst verbringt. Nach den Beobachtungen von RODDA (1992) sonnen sich Grüne Leguane etwa vier Stunden am Vormittag und weitere zwei bis drei Stunden am Nachmittag.

Abb. 33 (links). Adultes Männchen ruht in einem Baumwipfel (Utila, Honduras). Foto: W. v. d. Heuvel

Abb. 34 (unten). Bevorzugt halten sich die Leguane im Halbschatten im Geäst hoher Bäume auf. Foto: M. Griebel

Adulte Leguane halten sich bevorzugt in den Baumwipfeln auf und kommen nur gelegentlich (z.B. zum Sonnen, beim Baumwechsel oder auf der Flucht) auf den Boden. *I. iguana* ist sehr ortstreu und bleibt oft bis zu mehreren Wochen in einem Baum, der aufgrund seines Nahrungsangebotes sowie seiner Thermoregulations- und Schlafplätze alle Kurzzeitbedürfnisse befriedigen kann.

Abb. 35 (rechts). Häufig kann man Grüne Leguane beim Sonnen in der Ufervegetation beobachten (Tortuguero, Costa Rica).

Abb. 36 (unten). Der Grüne Leguan als Kulturfolger: adultes Leguanmännchen in einer Wohnsiedlung in Peru.
Foto: R. Monkenbusch

Die Bewegungsräume aller Geschlechts- und Altersklassen überlappen sich. Die der großen Männchen sind durchschnittlich 0,80 ha, die der semiadulten Männchen 0,22 ha und die der Weibchen 0,25 ha groß. In der Regel halten sich im Bereich eines großen Männchens vier bis sechs Weibchen und ein bis drei semiadulte Männchen auf. Spät in der Trockenzeit kann es jedoch zumindest in den trockeneren Gebieten zu größeren Leguanansammlungen in den nun laublosen Bäumen kommen. Mit Beginn der Regenzeit verteilen sich die Tiere wieder auf größere Gebiete (DUGAN 1982b).

In Venezuela stellte RODDA (1992) ein Geschlechterverhältnis von 2,3-3,4 Weibchen pro Männchen fest. Außerhalb der Paarungszeit sind Grüne Leguane sehr tolerant gegenüber der unmittelbaren Nähe von Artgenossen, auch des gleichen Geschlechts. Auseinandersetzungen verlaufen in der Regel sehr mild und werden vor allem beobachtet, wenn ein Leguan über einen Artgenossen klettert. Der Protest, überquert zu werden, beschränkt sich auf kurzes Kopfnicken und Kratzen mit einer Vorderextremität nach hintenoben in Richtung des Störenfriedes (vgl. Kapitel 6.6.1.2. Ablehnungs- und Demutsverhalten, S. 41). Nachdem ein Leguan den anderen passiert hat, nehmen die beiden Tiere wieder eine entspannte Haltung ein.

In Venezuela gibt es eine Population des Grünen Leguans, deren Tiere sich nachts in Erdhöhlen zurückziehen (RODDA & BURGHARDT 1985). Dies geschieht nicht aus Mangel an großen Bäumen, sondern freiwillig. An einem Ort wurden über hundert solcher selbstgegrabener Höhlen gefunden. Oft konnten mehrere Leguane beim Benutzen des gleichen Eingangs beobachtet werden. Die Höhlen sind bis zu 4,5 m lang und haben einen Durchmesser von 15-20 cm. Der Fluchtabstand ist bei diesen Tieren größer (>80 m) als bei ihren arborikol lebenden Artgenossen (20-60 m).

6.5. Verhalten

6.5.1. Freß- und Trinkverhalten

Grüne Leguane fressen mehrfach täglich, verbringen insgesamt aber nur 20 bis 30 Minuten pro Tag mit der Nahrungsaufnahme (RODDA 1992). Leguane finden in ihrer unmittelbaren Umgebung normalerweise Blattnahrung in Hülle und Fülle. Aufgrund ihrer Bezahnung (s. a. Abb. 27, S. 25) kauen sie ihr Futter nicht, sondern reißen die Blätter ab und schlucken sie einfach herunter. Futterbestandteile, die im Mundwinkel "hängengeblieben" sind, werden mit der fleischigen Zunge ins Maul befördert.

Beim Trinken wird die Schnauze unter die Wasseroberfläche getaucht und die Flüssigkeit mit kauenden Bewegungen der Kiefer aufgesaugt. Das Lecken von der Oberfläche wird kaum beobachtet. Nach dem Trinken wird der Rumpf angehoben, der Kopf hochgestreckt und die Kehlwamme entfaltet. Bewegungen mit der Zunge folgen.

6.5.2. Abkoten

Mindestens einmal am Tag setzen Grüne Leguane geformten dunkelbraunen bis olivgrünen Kot von weicher bis "knetbarer" Konsistenz ab. Zusammen mit dem Kot scheiden sie auch Flüssigkeit ("Kotwasser") und Harnsäure (weißlich oder gelblich gefärbter Anteil) aus. Ein "Urinieren" unabhängig vom Abkoten gibt es bei Leguanen nicht. Der Grüne Leguan kotet bevorzugt über Wasserflächen ab. Dabei werden die Hinterbeine gestreckt und gespreizt, und der Schwanz etwas angehoben. Nach dem Abkoten macht er einige Schritte, um dann mit dem Becken am Boden oder Ast zu reiben.

6.5.3. Niesen

Grüne Leguane niesen in regelmäßigen Abständen, was man keinesfalls als "Erkältung" deuten darf, wie dies oft geschieht. Vielmehr handelt es sich hierbei um völlig normale Absonderungen der in der Nasenhöhle gelegenen Salzdrüsen. Sie dienen der extrarenalen Elektrolytausscheidung, wobei die Exkretion von Natrium-, Kalium- und Chlorionen im Vordergrund steht. Das Niesen ist bei *Iguana iguana* also ein physiologischer Vorgang, der im Dienste des Wasser- und Elektrolythaushaltes steht (KÖHLER 1989d). Häufig sind diese Salze als weißlicher Belag an den Nasenlöchern zu sehen.

6.5.4. Schlafen

Als tagaktive Tiere verbringen Grüne Leguane die Nacht schlafend im Geäst. Dabei liegen sie entweder einfach mit geschlossenen Augen auf einem kräftigen Ast oder geschützt in einer Baumspalte oder einer Asthöhle. RODDA (1992) beobachtete, daß Grüne Leguane bevorzugt in waagerechter Stellung (23% der von ihm erfaßten Tiere) bzw. mit dem Kopf nach oben (75% der von ihm erfaßten Tiere) im Rand-

Abb. 37. Leguane schlafen bevorzugt in waagrechter Stellung auf einem kräftigen Ast.
                                                                              Foto: B. Kroker

bereich des Baumes schlafen. Der Kopf war bei den meisten Leguanen zum Baumstamm gerichtet. Äste, die über Wasserflächen reichen, sind besonders begehrte Schlafplätze. Leguane haben einen sehr tiefen Schlaf und wachen bei kleinen Störungen, wie dem Anleuchten mit einer Taschenlampe, in der Regel nicht auf.

Freilebende Grüne Leguane begeben sich bereits 20-30 Minuten vor Son-nenuntergang auf ihre Schlafplätze und werden bei Anbruch der Dämmerung inaktiv. Alle Aktivitäten, selbst Auseinandersetzungen, hören abrupt auf, sobald es dunkelt. Obwohl die Tiere die Augen kurz vor Sonnenaufgang öffnen, bewegen sie sich erst, wenn die Sonnenstrahlen so stark sind, daß die Leguane ihr erstes Sonnenbad nehmen können (RODDA 1992).

6.5.5. Aufreißen des Maules

Hin und wieder gähnen Grüne Leguane, wobei sie den Kopf anheben, ihr Maul langsam maximal öffnen und wieder abrupt schließen.

Bei Überhitzung beginnen die Leguanen mit geöffnetem Maul zu hecheln, um ihre Körpertemperatur zu senken. Leguane müssen die Möglichkeit haben, sich in kühlere Bereiche zurückzuziehen, da eine Überhitzung lebensbedrohlich sein kann (vgl. Kapitel 7.3.3. "Heizung").

Abb. 38. Gähnender Grüner Leguan.

Abb. 39. Beim Herausstrecken der Zunge nehmen die Leguane Duftstoffe von Gegenständen oder aus der Luft auf.   Foto: B. Lechner

6.6. Kommunikation

Grüne Leguane haben ein hochentwickeltes und sehr komplexes Sozialverhalten, wobei chemische (Duftstoffe) und visuelle (Körpersprache) Signale dem Aufbau und dem Erhalt der sozialen Beziehungen zwischen den Tieren dienen (ALBERTS & WERNER 1993, ALBERTS et al. 1994). Obwohl Leguane in der Lage sind Geräusche wahrzunehmen, beschränken sich die Lautäußerungen dieser Tiere auf Fauch- und Zischgeräusche, die sie beim Drohen ausstoßen.

Abb. 40 (unten). Bei der Körpersprache ist das Kopfnicken von herausragender Bedeutung.

6.6.1. Körpersprache

Bei der Körpersprache sind Kopfnicken, Abflachen des Körpers und Kratzbewegungen von herausragender Bedeutung (HAZLETT 1980, DUGAN 1982a, DISTEL & VEAZEY 1989).

DUGAN (1982a) unterscheidet fünf, in Ablauf und Funktion verschiedene Arten des Kopfnickens: das einmalige Vertikalnicken (»Head Jerk«), das vibratorische Schüttelnicken (»Shudder«), das Roll- oder Imponiernicken (»Roll«), als Übergangsform den Roll-Schüttler (»Roll-Shudder«) und das Identitätsnicken (»Signature-Bob«). Allerdings stellt diese Einteilung eine starke Vereinfachung und somit nur einen ersten Ansatz zum Verständnis des sehr komplexen Kopfnickverhaltens bei *I. iguana* dar.

Das **Vertikalnicken** zeichnet sich durch abrupte vertikale Kopfbewegungen aus. Sie sind kein soziales Signal, sondern eher eine visuelle Hilfe. Mit ihr verschaffen sich Leguane, die sich z.B. während des Sonnens oder der Eiablage (vor allem Weibchen, die aus ihrem Nesttunnel herauskommen) auf ungeschütztem, offenem Gelände aufhalten, einen besseren Überblick, um eine Gefahr eher erkennen zu können

Das **Schüttelnicken** (»Shudder«) stellt ein schnelles ruckartiges, aber flaches Kopfnicken (Vibrieren) mit maxi-

mal aufgespannter Kehlwamme dar. Manchmal hebt das Tier dabei den Kopf und schwingt ihn von einer Seite zur anderen. Den »Shudder« kann man während engem Kontakt zwischen Männchen und Weibchen beobachten, meist wenn die Tiere weniger als 3 m voneinander entfernt sind, stellt jedoch kein Balzverhalten dar.

Das **Rollnicken** (»Roll«) hingegen ist ein Teil des Balz- und Territorialverhaltens und kann vorwiegend während der Paarungszeit beobachtet werden. Der Leguan hebt den Kopf bis zu einem Winkel von etwa 45 Grad an und vollführt Rotationsbewegungen um die Längsachse. Auch beim »Roll« ist die Kehlwamme voll aufgespannt. Der »Roll-Shudder« steht in Form und Funktion zwischen dem »Shudder« und dem »Roll«.

Als **Identitätsnicken** (»Signature-Bob«) bezeichnet man eine starke vertikale Kopfbewegung, gefolgt von einer weiteren, bei welcher der Kopf jedoch länger hoch gehalten wird (Plateau). Es schließen sich eine Reihe kleinerer Nickbewegungen an. Der »Signature-Bob« ist immer mit einer Aktivität (z.B. Aggression, Balz, Territorialverhalten, Zweigwechsel und andere Bewegungen) verbunden. Man vermutet, daß er Artzugehörigkeit, eventuell sogar Populations- und individuelle Identität vermittelt (DUGAN 1982a).

Abb. 41 (rechts). Verschiedene Nickarten (DUGAN 1982a). Zeichnungen verändert nach DISTEL & VEAZEY 1989.

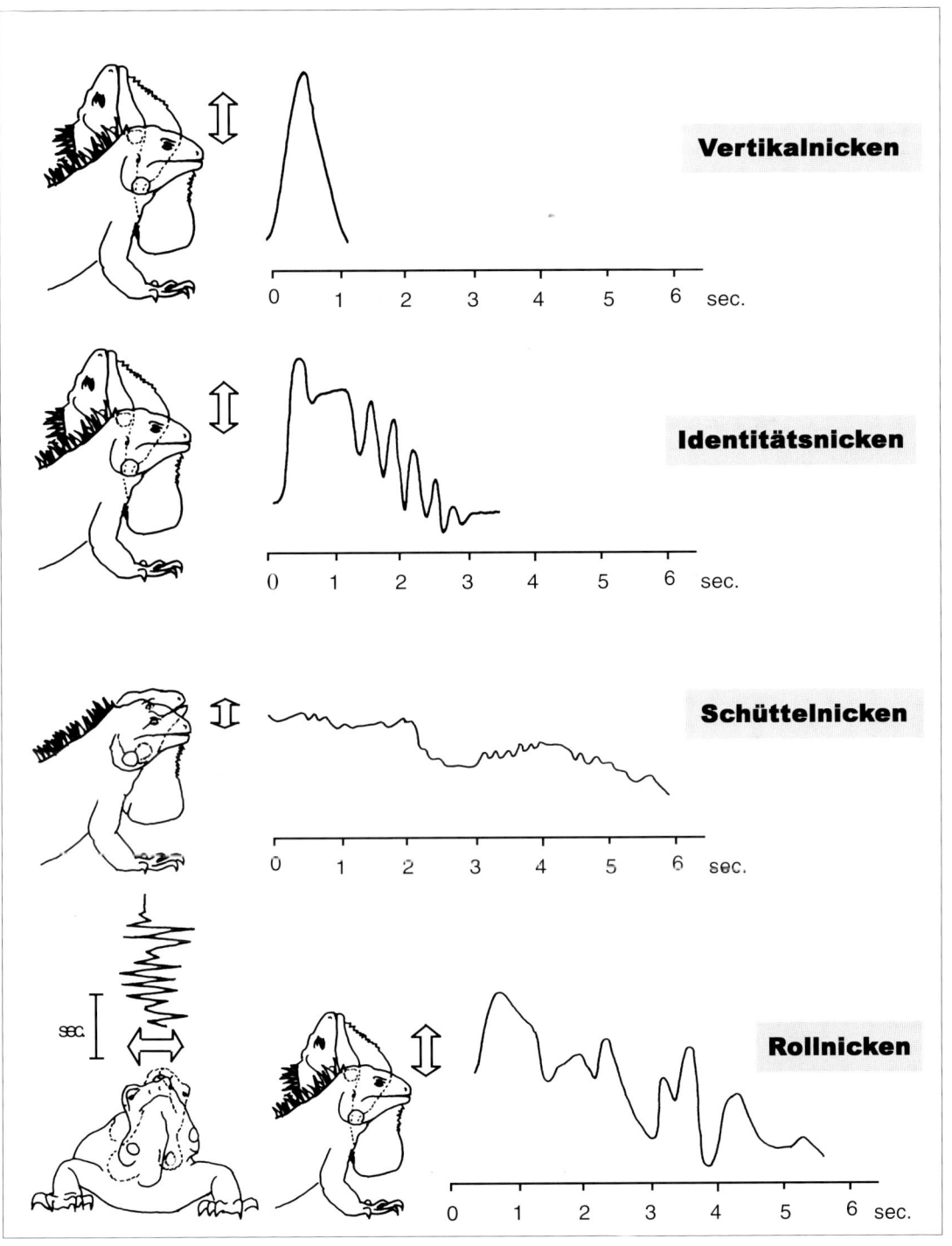

Vertikalnicken

Identitätsnicken

Schüttelnicken

Rollnicken

6.6.1.1. Drohen

Grüne Leguane verfügen über eine breite Palette von Drohgebärden. Wenn sie einen potentiellen Freßfeind oder einen Rivalen einschüchtern wollen, flachen sie sich seitlich ab, wobei die ventrale Streifenzeichnung sichtbar wird, stellen den Rückenkamm und die Kehlfahne auf, um größer zu wirken (Abb. 42), und vollführen mit dem Schwanz schlängelnde Bewegungen. Bei weiterer Annäherung reißt der Leguan das Maul auf, stößt fauchend Luft aus und schlägt mit dem Schwanz zielsicher in Richtung des Störenfriedes. Mit seinen scharfen Zähnen und seinem kräftigen Kiefer vermag ein erwachsener Leguan schmerzhaft zu beißen.

Abb. 42 (oben). Adultes Männchen von *Iguana iguana rhinolopha* in Drohstellung. Man beachte den abgeflachten Körper mit der schwarzen Bauchzeichnung, die das Tier noch größer erscheinen läßt.

Abb. 43. Auseinandersetzung zweier erwachsener Männchen im Terrarium.
Foto: J. Pichler

6.6.1.2. Ablehnungs- und Demutsverhalten

Das Kratzen mit einer Vorderextremität nach hinten-oben in die Luft ist ein deutliches Ablehnungsverhalten. Häufig ist dieses Verhalten bei Weibchen zu beobachten, denen sich ein paarungswilliges Männchen von hinten nähert und bei Leguanen, die von einem Artgenossen überquert werden (DISTEL & VEAZEY 1982, RODDA 1992).

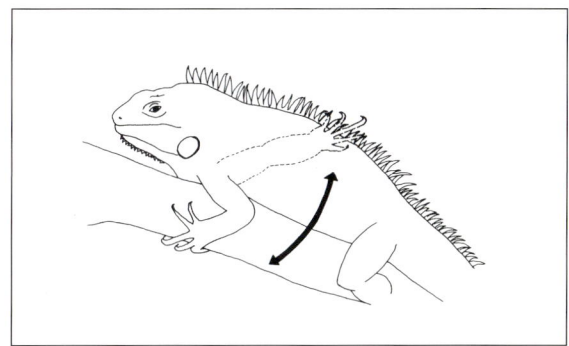

Abb. 44 (oben). Kratzen mit einer Vorderextremität.

Abb. 45 (Mitte). Kämpfende Leguanmännchen in Peru.
Foto: R. Monkenbusch

Abb. 46 (unten). Grüne Leguane (ein Männchen und zwei Weibchen) im Garten des Verfassers. Die Tiere sind normalerweise sehr friedfertig.

Abb. 47. Schließen der Augen als Zeichen der Unterwerfung (verändert nach Distel **&** Veazey **1989).**

Grüne Leguane schließen die Augen als Zeichen der Unterwerfung, zum Beispiel als Reaktion auf ein drohendes dominantes Männchen (Distel & Veazey 1982). Das Schließen zeigen auch sehr scheue Leguane, die sich "ihrem Schicksal ergeben", wenn man sie in die Hand nimmt (eigene Beob.). Wenn Leguane von ihren Haltern gestreichelt werden, schließen die Tiere oftmals die Augen. Entgegen einer weitverbreiteten Meinung, daß der Leguan dadurch - ähnlich einer Katze - sein Wohlbefinden ausdrückt, handelt es sich jedoch um ein Ablehnungsverhalten, als Ausdruck von Unwohlsein. Anders als die höher entwickelten Wirbeltiere (z.B. Säugetiere), sind Zärtlichkeiten in Form von Streicheln im Verhaltensrepertoire von Echsen nicht eingeschlossen (Distel & Veazey 1982).

6.6.2. Chemische Signale

Die Ausscheidungen der Femoralporen, das Femoralporensekret, besteht aus großen, nicht-flüchtigen Proteinen sowie aus verschiedenen kleineren flüchtigen und nicht-flüchtigen Fetten (Weldon et al. 1990, Alberts et al. 1992a, b). (s. a. Kapitel 6.8.1. „Balz und Paarung", S. 52)

Um Duftstoffe von Gegenständen oder aus der Luft aufzunehmen, strecken Leguane ihre Zunge häufig heraus. Beim Zurückziehen der Zunge ins Maul werden die Duftstoffe am sogenannten Jacobsonschen Organ vorbeigeführt, das sich im Rachendach befindet und wie ein sehr empfindliches Geruchsorgan arbeitet und selbst Spuren von Duftstoffen wahrnehmen kann.

Wenn Grüne Leguane in eine für sie fremde Umgebung gesetzt werden, erkunden sie diese intensiv züngelnd. Auch neue Einrichtungsgegenstände werden von den neugierigen Tieren aufmerksam mit der Zunge untersucht.

Aufgrund individueller Unterschiede in der Zusammensetzung des Femoralporensekretes können Grüne Leguane zwischen ihnen vertrauten und fremden Artgenossen unterscheiden (Alberts & Werner 1993). Diese Fähigkeit wiesen Alberts & Werner (1993) in einem Experiment nach. Mehrere erwachsene Leguanmännchen wurden einzeln ohne Sicht- und Geruchskontakt in Terrarien unterge-

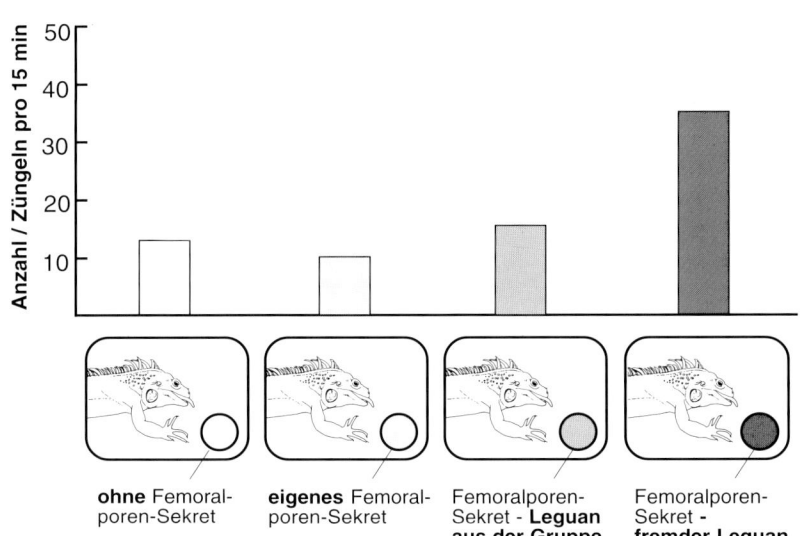

Abb. 48. Experiment nach ALBERTS & WERNER (1993). Männliche Leguane wurden in einem Terrarium untergebracht, in dem Schalen mit Femoralporensekreten aufgestellt wurden. Es zeigte sich, daß die Leguane am meisten züngelten, wenn sich das Femoralporen-Sekret eines fremden Leguans in der Schale befand.

ohne Femoralporen-Sekret

eigenes Femoralporen-Sekret

Femoralporen-Sekret - **Leguan aus der Gruppe**

Femoralporen-Sekret - **fremder Leguan**

bracht. Daraufhin wurde geprüft, wie die Tiere auf Schalen reagierten, die mit Femoralporenextrakten eingerieben waren, die (1) von ihnen selbst, (2) von vertrauten Leguanen und (3) von fremden Leguanen stammten. In einem vierten Durchgang wurde als Kontrollprobe eine unbehandelte Schale angeboten. Es zeigte sich, daß die Leguane auf die Schalen mit Femoralporenextrakten fremder Leguane während der Testperiode von 15 Minuten mehr als doppelt so häufig mit der Zunge das Objekt prüften als bei den übrigen Ansätzen (vgl. Abb. 48).

Im dichten Laubwerk des tropischen Regenwaldes können fremde Leguane möglicherweise ungesehen in das Territorium eines dominanten Männchens eindringen. Unter diesen Bedingungen kann die Fähigkeit sinnvoll sein, zwischen den Sekreten bekannter und fremder Leguane zu unterscheiden, um das Vorhandensein von Rivalen zu erkennen.

6.7. Ernährung freilebender Leguane

Der Grüne Leguan gehört zu den wenigen Echsenarten, die sich nahezu ausschließlich von pflanzlicher Kost ernähren. Untersuchungen zum Nahrungsspektrum freilebender Grüner Leguane haben übereinstimmend ergeben, daß sich die Tiere überwiegend von Blättern, Blüten und Früchten ernähren, während tierische Nahrung praktisch keine Rolle spielt (DEVENDER 1982, HENDERSON 1974, HIRTH 1963, RAND et al. 1990, TROYER 1984a, MARKEN LICHTENBELT 1993).

Selbst bei den von DEVENDER (1982) sezierten 15 juvenilen Leguanen (KRL 79-99 mm) waren nur Blätter (85 %), Blüten (33 %) und Früchte (9 %), aber keine Insekten zu finden. HIRTH (1963) beobachtete einen juvenilen grünen Leguan (KRL 70 mm) beim Fressen einer Heuschrecke. Von ihm durchgeführte Mageninhaltsanalysen bei 24 Individuen aller Altersklassen ergaben jedoch, daß diese Tiere in den letzten 24 Stunden nur vegetarische Kost zu sich genommen hatten.

In Bezug auf die Futterpflanzenarten ernähren sich Grüne Leguane in der Natur normalerweise überaus vielseitig. So konnten RAND et al. (1990) bei 31 untersuchten Exemplaren 26 verschiedene Pflanzenarten im Mageninhalt nachweisen, wobei Baum- und Weinblätter mengenmäßig den Hauptanteil bildeten.

Abb. 49. Früchte gehören zum Nahrungsspektrum freilebender Leguane. Leguanmännchen auf Curaçao. Foto: W. v. Marken Lichtenbelt

Abb. 50. Männlicher Leguan auf Roatán (Honduras). Im natürlichen Lebensraum steht den Leguanen eine Vielfalt verschiedener Blätter zur Verfügung.

Allerdings findet diese Vielseitigkeit in Bezug auf Futterpflanzenarten nicht an einem Tag oder gar einer Freß-periode ihren Ausdruck - mehr als die Hälfte der untersuchten Mägen enthielten jeweils nur eine Pflanzenart - sondern vielmehr über einen Zeitraum von mehreren Tagen oder sogar Wochen. Auf Curaçao (Niederländische Antillen) unterliegt das Nahrungsangebot für Leguane einem ausgeprägten saisonalen Jahreszyklus (MARKEN LICHTENBELT 1993): Während der Trockenzeit (Dezember bis Mitte Mai), wenn den Leguanen weniger Trinkwasser zur Verfügung steht, fressen die Tiere überwiegend Blüten und Beeren, die einen

Abb. 51. Weinblätter werden sehr gerne gefressen.

hohen Wassergehalt aufweisen. Allerdings ist die Menge an vorhandenen Blüten und Beeren zu gering, um den Energie- und Proteinbedarf der Leguane zu decken. Mit den ersten Regenfällen im Mai stehen den Leguanen Oberflächenwasser und auch ein reichhaltiges Angebot an frischen jungen Blättern zur Verfügung (MARKEN LICHTENBELT 1993).

Nur mit Hilfe dieser Diversität ist es dem Leguan möglich, alle notwendigen Kohlenhydrate, Proteine, Fette, Vitamine, Mineralstoffe und Spurenelemente im richtigen Verhältnis aufzunehmen und auch eventuelle schädliche Inhaltsstoffe einiger Pflanzen zu neutralisieren. So wird beispielsweise *Montrichardia arborescens* (Araceae), eine sehr proteinreiche, jedoch hohe Konzentrationen Oxalsäure enthaltende Pflanze, von adulten Leguanen gefressen (TROYER 1984a, c).

Interessant sind auch weitere Beobachtungen von TROYER (1984a, c) an einer Population von *I. iguana* in Panama, die sich hauptsächlich von nur einer Pflanzenart ernährt. Junge Blätter von *Lonchocarpus pentaphyllus* (Leguminosae) machen nach ihren Untersuchungen 82 % bis 88 % der Trockenmasse in der Nahrung aus.

Von mir in Costa Rica (1989 und 1990) durchgeführte Untersuchungen an sechs überfahrenen Grünen Leguanen bestätigen, daß sich diese Echse überwiegend blattfressend (folivor) ernährt. Fünf der Tiere wiesen nur Blätter im Magen auf. Das sechste Exemplar, das in einer ländlichen obstbaumreichen Siedlung auf der Straße überfahren aufgefunden worden war, besaß einen prall mit Obst gefüllten Magen.

Zusammenfassend läßt sich sagen, daß Blätter den überwiegenden Anteil der Nahrung freilebender Grüner Leguane bilden, gefolgt von Blüten und Früchten, während tierische Nahrung keine Rolle spielt.

Blätter, Blüten und Früchte erreichen Magen und Dünndarm praktisch unverändert. Die cellulosereiche Nahrung wird erst im Dickdarm, der als eine Art Gärkammer dient und dessen Inhalt etwa 10 % der Körpermasse ausmacht, mit der Hilfe von Bakterien (fermentativ) abgebaut (Abb. 52). Endprodukte sind kurzkettige Fettsäuren, vor allem Essig-, Propion- und Buttersäure, die vom Leguan resorbiert werden. Die Darmpassage nimmt etwa fünf bis sieben Tage in Anspruch, kann aber bei niedrigen Umgebungstemperaturen auch deutlich länger dauern (TROYER 1984c, RODDA 1992).

30-40 % seiner Energie gewinnt der Grüne Leguan durch Dickdarmfermentation. Diese Werte sind vergleichbar und teilweise sogar höher als die bei Säugetieren und Vögeln mit Dickdarmfermentation ermittelten (MCBEE & MCBEE 1982). Wenn man nun noch berücksichtigt, daß eine aktive Echse von 100 g Körpermasse nur etwa 6 % des Energiebedarfs eines Nagetiers und nur 3 % des eines Vogels gleicher Masse aufweist (NAGY 1982), wird deutlich, wie ökonomisch der Energiehaushalt des Grünen Leguans ist. Nur so ist es ihm möglich, auch an Orten zu überleben, an denen die Vegetation wie z.B. in trockeneren Gebieten (MÜLLER 1968, BAKHUIS 1982, MARKEN LICHTENBELT 1993) qualitativ und quantitativ nicht optimal ist.

Bei den Bakterien im Dickdarm handelt es sich vor allem um *Clostridium* sp. und *Leuconostoc* sp., also ubiquitär vorkommende Keime (MCBEE & MCBEE 1982). Da eine Verbindung von Mutter

zu Jungtier bei *Iguana iguana* nicht existiert, nehmen die juvenilen Leguane die zur Fermentation notwendigen Mikroben mit der Nahrung und beim Fressen von Erde und Kot auf. Untersuchungen von TROYER (1982, 1984b) haben gezeigt, daß Jungtiere, die keine Möglichkeit haben, Erde oder Kot zu fressen, deutlich langsamer (0,15-0,18 mm KRL/Tag) wachsen, als solche, denen diese Möglichkeit gegeben ist (0,21-0,22 mm KRL/Tag).

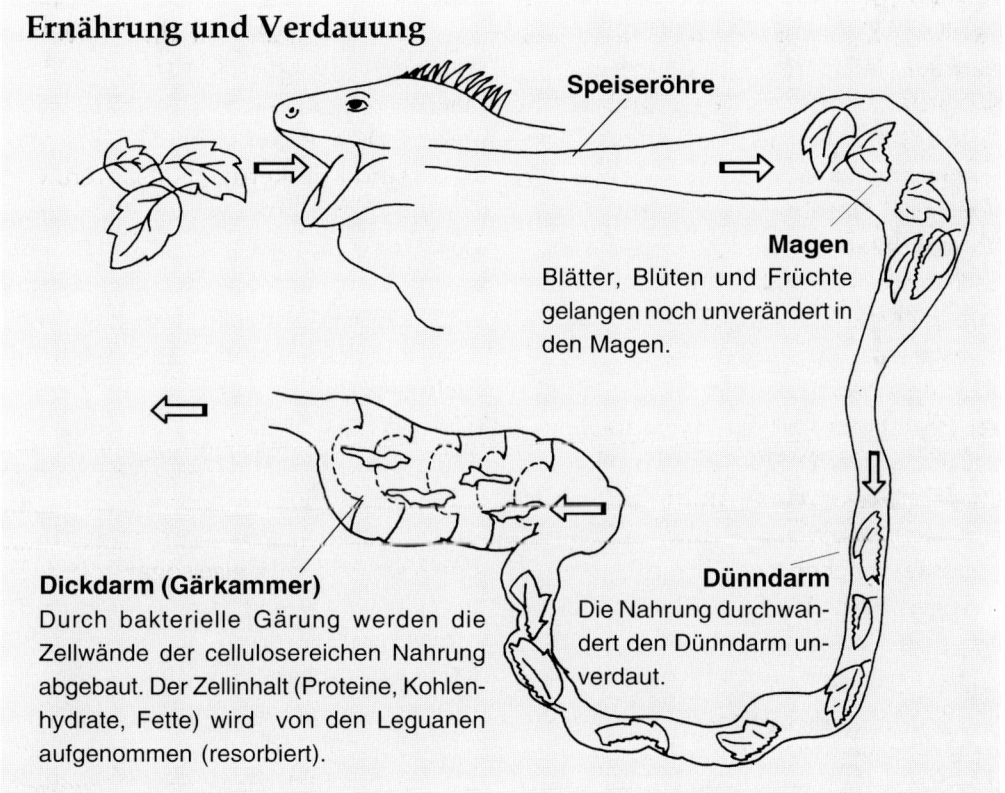

Ernährung und Verdauung

Speiseröhre

Magen
Blätter, Blüten und Früchte gelangen noch unverändert in den Magen.

Dickdarm (Gärkammer)
Durch bakterielle Gärung werden die Zellwände der cellulosereichen Nahrung abgebaut. Der Zellinhalt (Proteine, Kohlenhydrate, Fette) wird von den Leguanen aufgenommen (resorbiert).

Dünndarm
Die Nahrung durchwandert den Dünndarm unverdaut.

Abb. 52. Leguane sind „Blattfresser" und haben im Gegensatz zu „Allesfressern" eine Art Gärkammer, in der die Nährstoffe durch bakterielle Zersetzung freigesetzt werden.

Abb. 53. Mit zwei bis drei Jahren erreicht der Grüne Leguan die Geschlechtsreife. Jungadultes Männchen von *Iguana i. rhinolopha* aus Wiso, Nicaragua.

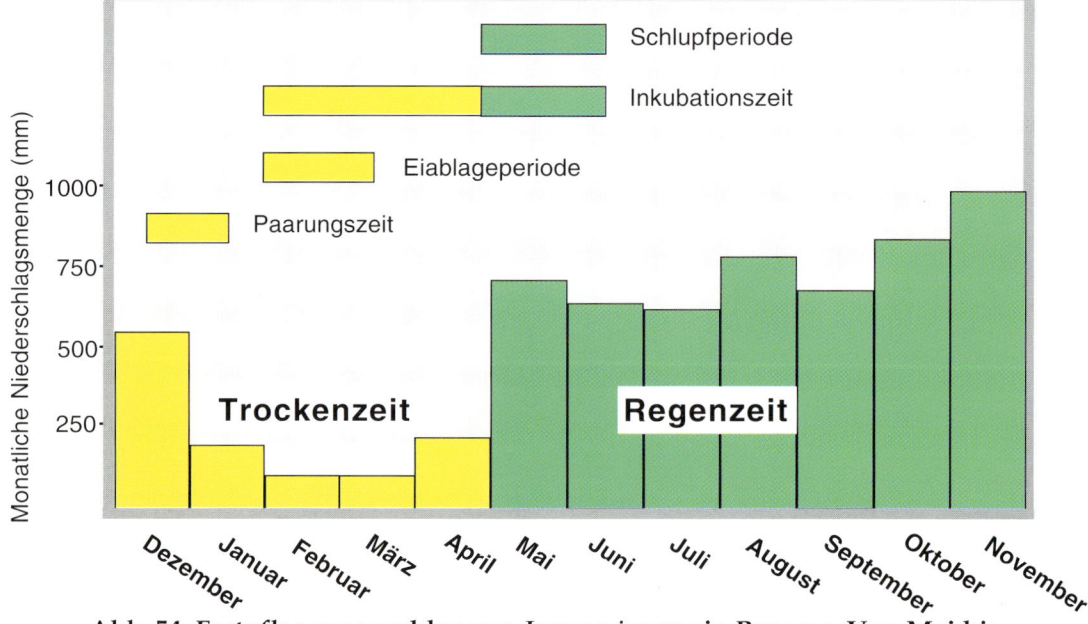

Abb. 54. Fortpflanzungszyklus von *Iguana iguana* in Panama. Von Mai bis November herrscht eine ausgeprägte Regenzeit (nach RAND & GREENE 1982).

6.8. Fortpflanzung

Das Fortpflanzungsgeschehen (Paarung bis Schlupf) des Grünen Leguans wird in erster Linie von äußeren Faktoren wie Regen- und Trockenzeit beeinflußt. Mit Regen- und Trockenzeiten verändert sich nicht nur das Klima, sondern auch das Nahrungsangebot und der Lebensraum (z.B. Laubdeckung). Es sind vor allem die Regenfälle, die den jahreszeitlichen Verlauf des Reproduktionszyklus bei *I. iguana* bestimmen, da an allen bisher untersuchten Orten der Schlupf der Jungtiere mit dem Beginn der Regenzeit zusammenfällt, wenn Futter in Form frischer Blätter in großer Fülle vorhanden ist (MARKEN LICHTENBELT & ALBERS 1993).

Die Balz- und Paarungssaison fällt mit dem Beginn der Trockenzeit zusammen, die durch ein stärkeres Windaufkommen gekennzeichnet ist. Die kühlende Wirkung des Windes ermöglicht es den Leguanen, sich längere Zeit zum Imponieren und Balzen auf exponierten Ästen aufzuhalten. Eiablage und Inkubation finden während der Trockenzeit statt, wenn die Erde eine geeignete Temperatur zum Ausbrüten der Eier aufweist, und die Gefahr von Überschwemmungen am geringsten ist. Die Jungleguane schlüpfen zu Beginn der Regenzeit, wenn die Erde vom Regen aufgeweicht ist und junge Blätter als Futter reichlich zur Verfügung stehen (RAND & GREENE 1982, MARKEN LICHTENBELT & ALBERS 1993).

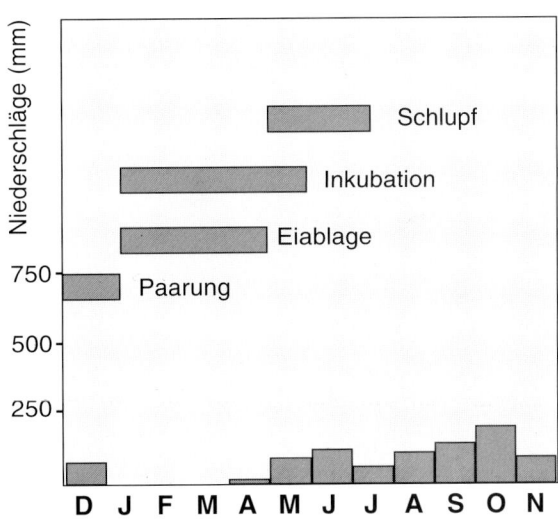

Abb. 55. Fortpflanzungszyklus von *Iguana iguana* im nördlichen Kolumbien, wo ein trockenes Klima herrscht (nach HARRIS 1982).

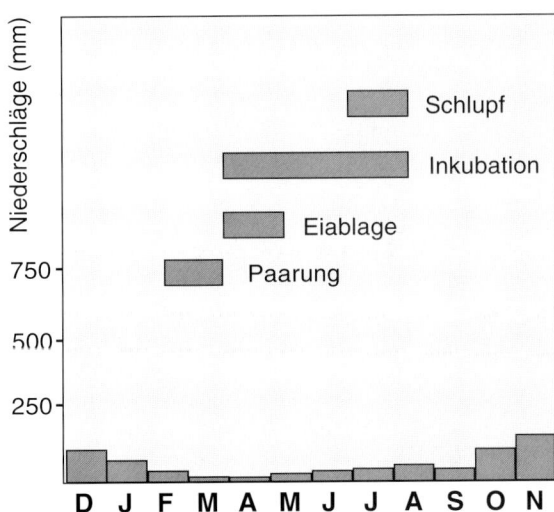

Abb. 56. Fortpflanzungszyklus von *Iguana iguana* auf Curaçao (nach MARKEN LICHTENBELT & ALBERS 1993). Man beachte, daß die jährliche Niederschlagsmenge sehr gering und auch die Regenzeit (von Oktober bis Dezember) nur schwach ausgeprägt ist.

Abb. 57. Grüner Leguan auf Guanaja (Islas de la Bahia, Honduras).

6.8.1. Balz und Paarung

Während der Grüne Leguan außerhalb der Paarungszeit relativ wenig territorial ist, ändert sich das mit Beginn der Trockenzeit (in Panama Anfang November, auf Curaçao im Dezember). Die Fortpflanzungssaison beginnt damit, daß die Leguanmännchen versuchen, Paarungsterritorien für sich in Anspruch zu nehmen und gegenüber anderen Männchen zu verteidigen. Die Männchen verbringen nun viel Zeit auf exponierten und auffallenden Ästen, von denen aus sie imponieren und balzen, wobei das Imponier- und das Identitätsnicken (siehe Kapitel 6.6.1.) im Vordergrund stehen. Von nun an werden halberwachsene (semiadulte)

Abb. 58. Männliches Tier mit auffallend hohem Rückenkamm (Utila, Honduras).
Foto: W. v. d. Heuvel

Abb. 59. Paarung im natürlichen Lebensraum auf Curaçao.   Foto: W. v. Marken Lichtenbelt

Abb. 60. Zwei Grüne Leguane mit einem Schwarzleguan (*Ctenosaura similis*, Mitte) auf der Insel Cozumel (Mexiko).   Foto: J. Gábris

Männchen nicht mehr im gleichen Baum geduldet. Kämpfe zwischen den Männchen sind aber dennoch eher die Ausnahme. Das Männchen patrouilliert systematisch entlang der Peripherie seines Territoriums, offensichtlich auf der Suche nach eingedrungenen Männchen und empfänglichen Weibchen. Je nach Größe des Territoriums benötigt das Männchen für einen Rundgang 45-90 Minuten (RODDA 1992). Nähert sich das dominante Männchen einem semiadulten Tier, so läßt sich letzteres vom Zweig fallen. Sollte es das dominante Männchen nicht bemerken, kann es dem kleineren Tier passieren, daß es mit einer schnellen Kopfbewegung vom Baum gestoßen wird. Das Verteidigen der Territorien nimmt die Männchen den vollen Tag über in An-

spruch, so daß sogar die Nahrungsaufnahme eingestellt wird, und die Tiere deutlich an Gewicht verlieren.

Die Männchen versuchen, ihre Paarungsterritorien dort zu bilden, wo sich besonders viele Weibchen aufhalten, während Territorien mit keinen oder nur wenigen Weibchen oftmals wieder aufgegeben werden (RODDA 1992). Sobald die Paarungsterritorien etabliert und kleinere Männchen verjagt sind, beginnen die Weibchen sich in den Territorien der größten Männchen anzusammeln. Diese haben bereits bewiesen, daß sie die Fähigkeit und die Kraft besitzen, bis zu einem hohen Alter zu überleben und ein Paarungsterritorium zu verteidigen. Auch verfügen sie über die morphologischen und rituellen Stimuli, die notwendig sind, um ein Weibchen in Paarungsstimmung zu bringen. Die Weibchen paaren sich bevorzugt mit großen Männchen (DUGAN 1982, RODDA 1992).

Mit Beginn der Balz- und Paarungszeit läßt sich eine verstärkte Sekretion der Femoralporen bei den Männchen beobachten, was durch die Größe der aus den Poren ragenden Sekretzapfen zum Ausdruck kommt. Das Sekret der Femoralporen besteht vor allem aus Fetten und Proteinen und enthält auch Pheromone (ALBERTS 1990, 1991, 1992, ALBERTS et al. 1992, GASC et al. 1969, WELDON et al. 1990). Man kann die Männchen oft dabei beobachten, wie sie mit ihren Oberschenkeln gegen Äste reiben. Das dabei abgegebene

Femoralporensekret ist bei der Revierabgrenzung und dem individuellen Erkennen der Leguane untereinander von Bedeutung (ALBERTS 1992). Die Lage der Femoralporen an der Unterseite der Oberschenkel erleichtert die Sekretabgabe bei Bewegungen des Leguans. Eine Reihe von Studien läßt vermuten, daß die Aktivität der Femoraldrüsen von androgenen Hormonen (vor allem Testosteron) gesteuert wird, so daß adulte Männchen während der Paarungssaison (vergrößerte Hoden, hoher Testosteronspiegel im Blut) auch eine gesteigerte Sekretion der Femoraldrüsen aufweisen (ALBERTS et al. 1992). Eine Kastration männlicher Leguane führt innerhalb relativ kurzer Zeit zu einer deutlichen Verkleinerung (Atrophie) der Femoraldrüsen (MATTHEY 1929, PADOA 1933, REGAMEY 1932).

Während der Paarungszeit (in der ersten Hälfte der Trockenzeit) kontrollieren die Männchen ihr Territorium, nicht jedoch die Weibchen, die sich in diesem aufhalten. Weibchen können sich frei bewegen und auch in die Reviere anderer Männchen wechseln. Um so wichtiger ist das Balzverhalten im Fortpflanzungsgeschehen des Grünen Leguans.

Die Weibchen werden mindestens zwei bis vier Wochen lang von einem oder mehreren Männchen umworben, ehe sie für ein bis acht Tage, seltener auch bis zu zwei Wochen paarungswillig sind (RODDA 1992). Die Männchen sind früher und auch über einen längeren Zeitraum als die Weibchen in Fortpflanzungsstimmung. Bevorzugte Paarungsterritorien sind große, auffallende Bäume. Während der Balz- und Paarungszeit fressen die Männchen kaum noch und magern sichtlich ab.

Die Paarung findet meist mittags auf exponierten Ästen statt und läuft immer nach dem gleichen Ritual ab. Das Männchen nähert sich dem Weibchen von hinten. Während oder kurz nach dem Herannahen vollführt es ein Schüttelnicken. Das Weibchen hebt das vordere Drittel des Schwanzes zur Seite. Nun stoppt das Männchen und zeigt ein Identitätsnicken. Diese Sequenz (»Courtship Bout«) wird mehrere Male wiederholt. Schließlich kriecht es von hinten auf das Weibchen und setzt den Paarungsbiß im Nacken (vgl. auch Abb. 105, S. 97). Das Männchen schiebt seinen Schwanz unter den des Weibchens und legt ein Hinterbein auf ihre Schwanzwurzel. Nach dem Ausstülpen der Hemipenes kommt es zur Einführung eines Hemipenis. In dieser Stellung verharren die Tiere sieben bis zwölf Minuten, wobei man beim Männchen rhythmische Kontraktionen des Bauches beobachten kann (DUGAN 1982b, RODDA 1992). Nachdem sich die Leguane getrennt haben, dauert es noch etwa eine Minute bis das Männchen die Hemipenes wieder vollständig zurückgezogen hat.

Ein Leguanweibchen paart sich während einer Paarungssaison ein bis

Abb. 61. Leguanpärchen auf Curaçao (Niederländische Antillen).
Foto: W. v. Marken Lichtenbelt

fünf mal, in der Regel mit dem gleichen Männchen (DUGAN 1982b, RODDA 1992). Freilanduntersuchungen haben übereinstimmend ergeben, daß sich Leguanmännchen nicht öfter als einmal pro Tag paaren, dabei aber eine sehr große Spermamenge abgeben (DUGAN 1982b, RODDA 1992). Dies ist möglicherweise als eine Anpassung daran zu verstehen, daß die Weibchen die Häufigkeit der Paarungen bestimmen. Da die Weibchen nur sehr kurzzeitig empfänglich sind, kann es für das Männchen vorteilhaft sein, bei den seltenen Paarungsgelegenheiten eine möglichst große Spermamenge auf das Weibchen zu übertragen.

Abb. 62. Junges Männchen am Strand von Grande Ause (Les Iles de Saintes, Kleine Antillen). Foto: M. Schardt

Kleine, aber geschlechtsreife Männchen ähneln in Erscheinungsbild und Verhalten den Weibchen und können sich deshalb in den Paarungsterritorien großer Männchen aufhalten und sich opportunistisch paaren, insbesondere wenn das dominante Tier mit etwas anderem beschäftigt und somit abgelenkt ist. Das kleine Männchen rennt zu einem Weibchen, setzt den Paarungsbiß (gerade wo es ihm gelingt) und versucht, einen Hemipenis einzuführen. Die Weibchen sind in derartigen Fällen wenig kooperativ und versuchen, es abzuwehren, indem sie mit aufgerissenem Maul drohen und um sich beißen. Bemerkt das dominante Männchen das Geschehen, so eilt es herbei, um das kleinere Tier zu vertreiben (DUGAN 1982).

Ende Januar (in Panama) - mit einer starken Verkleinerung und Inaktivierung der Hoden einhergehend - verlieren die Männchen ihre Territorialität und die Reviere brechen zusammen (DUGAN 1982). Auch die Aggressivität gegenüber anderen Männchen nimmt dann wieder stark ab.

Abb. 63. Junges Weibchen auf Curaçao (Niederländische Antillen). Foto: W. M. Lichtenbelt

6.8.2. Trächtigkeit und Eiablage

Auf Curaçao (Niederländische Antillen) ist die Eiablagezeit Mitte April bis Ende Mai (MARKEN LICHTENBELT & ALBERS 1993), in Panama Anfang Februar bis Mitte März (RAND & GREENE 1982, SWANSON 1950), in Guanacaste/Costa Rica im Januar und Februar (DEVENDER 1982), in Tortuguero/Costa Rica im März bis Anfang April (HIRTH 1963), in Nicaragua im Februar (FITCH & HENDERSON 1977) und in Belize Mitte März bis Mitte April (HENDERSON 1974).

Einer der am besten untersuchten Eiablageplätze von *Iguana iguana* ist die Insel Slothia (0,3 ha) im Gatun-See in Panama. Der Gatun-See (425 km²) ist 1914 durch den Bau des Panamakanals entstanden. Vorher war Slothia lediglich eine Erhebung im Tieflandregenwald. Jährlich schwimmen 150-200 Leguanweibchen von Barro Colorado Island dort hin, um auf einer 6x7 m großen Lichtung ihre Eier zu legen; es leben jedoch keine Leguane das ganze Jahr über auf der Insel. Da Slothia frei von eierraubenden Säugetieren ist, sind die Gelege dort sicherer als auf Barro Colorado Island.

Die Leguanweibchen sind unter Freilandbedingungen bei ihrer ersten Eiablage mindestens drei Jahre alt. Von ZUG & RAND (1987) untersuchte Weibchen, die zur Eiablage nach Slothia geschwommen waren, wiesen ein Alter

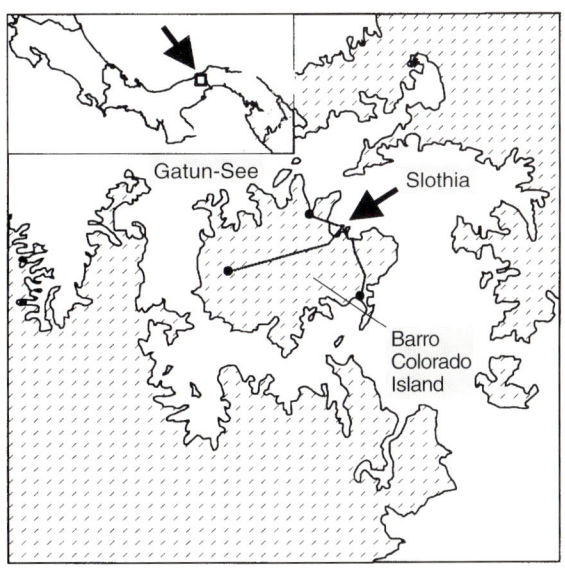

Abb. 64. Lage der Insel Slothia (Panama) im Gatun-See ; ●— = Wanderwege der trächtigen Weibchen (nach MONTGOMERY et al. 1973).

Abb. 65. Geeignete Eiablageplätze sind Strände und kleine Inseln mit weichem Sandboden. (Mexiko, Pazifikküste). Foto: J. Gábris

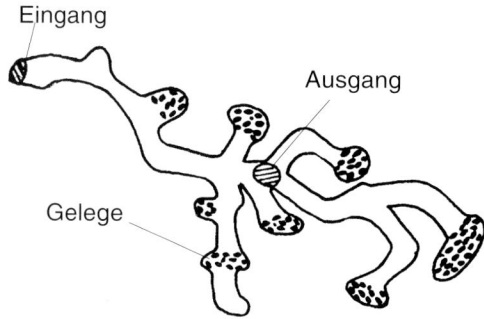

Eingang

Ausgang

Gelege

Abb. 66. Komplexes Höhlensystem, das viele Leguanweibchen zur Eiablage nutzen. (verändert nach RAND & DUGAN 1983)

von 3-9 Jahren (vor allem 4-7 Jahre) bei einer KRL von 27,4-42,5 cm auf.

Die Ovulation beginnt Anfang Januar, wenn die Follikel ca. 20 mm groß sind. Dies ist etwa fünf Wochen nach der Kopulation und 3-4 Wochen vor der Eiablage der Fall (DUGAN 1982). Die sich entwickelnden Eier nehmen schließlich so viel Platz in der Leibeshöhle des Weibchens ein, daß das Tier aufhört zu fressen.

Zur Eiablage kehren die Weibchen an ihren Schlupfort zurück, wobei sie Strecken von 800 bis 1500 m zurücklegen. Einschließlich der Wanderungen nimmt die Eiablage 7-17 Tage in Anspruch (BOCK 1984, BOCK & MCCRACKEN 1988, RODDA & GRAJAL 1990).

Das Auffinden eines geeigneten Eiablageplatzes stellt eine wichtige Brutfürsorge des Leguanweibchens dar. Der Ort, den das Tier für sein Gelege wählt, muß in Bezug auf Temperatur, Feuchtigkeit und Sicherheit alle

Bedingungen für eine erfolgreiche Inkubation erfüllen. Geeignete Eiablageplätze sind Strände, Waldlichtungen und kleine Inseln mit weichem Sandboden. Dort, wo es diese in ausreichender Zahl gibt, legen die Weibchen ihre Höhlen weit verstreut (in mehr als 10 m Abstand, ca. 10 Nester/ha) an. Sind sie jedoch rar, benutzen die Leguane gemeinsame komplexe Höhlensysteme zur Eiablage (»Nesting Aggregations«), wie z.B. in Panama auf den Inseln Slothia und San Jose (RAND & DUGAN 1983, RAND & GRAJAL 1990). In Costa Rica benutzen Grüne und Schwarze Leguane an einigen Orten gemeinsame Eiablageplätze und sogar gemeinsame Höhlensysteme (MORA 1987).

Die Weibchen fressen kurz vor und während der Eiablage nichts mehr, da das Gelege fast den gesamten Bauchraum ausfüllt. Ihre Bauchfettkörper sind dann kaum noch nachweisbar, die Schwanzwurzel eingefallen und die Muskulatur an Extremitäten und Schwanz deutlich zurückgebildet. Bei der Eiablage lassen sich vier Phasen unterscheiden (RAND 1968a):

1. die Erkundungsphase,
2. die Grabephase,
3. die Eiablagephase und
4. das Verschließen der Nesthöhle.

Während der **Erkundungsphase** sind einzelne Weibchen schreckhafter und scheuer als mehrere zusammen. Oftmals kann man beobachten, daß mehrere Weibchen am Rand einer Lichtung warten. Macht eines erst einmal den Anfang und betritt den freien Platz, folgen die anderen in rascher Folge. Während der Erkundungsphase, die mehrere Tage andauert, läuft das Weibchen umher, prüft mit der Zunge und scharrt ab und zu am Boden mit einem Vorderfuß. Die Eier sind während dieser Phase noch nicht legereif.

Der Übergang zur **Grabephase**, die ein bis zwei Tage in Anspruch nimmt, ist fließend. Das Weibchen gräbt nun stetiger und ausdauernder an ihrer Höhle. Gegenüber sich nähernden Artgenossen verhält es sich überaus aggressiv und droht mit aufgerissenem Maul, faucht und versucht zu beißen. Die Weibchen streiten um Nistplätze, besonders um bereits begonnene Nestgruben. Sie versuchen, eine möglichst tiefe Höhle zu erstreiten, um die Energie einzusparen, die für deren Bau nötig ist. Je tiefer die Höhle ist, um so mehr Energie ist der Eindringling bereit zu investieren. Der Besitzer einer Höhle kämpft um sie, wenn er noch genug Energiereserven hat. Er gibt auf und verläßt sie, wenn er zu erschöpft ist, um zu kämpfen oder nach der Auseinandersetzung weiterzugraben. Da die gesamte und auch die unmittelbar verfügbare Energie begrenzt ist, versuchen die Kontrahenten, den Streit mit dem geringstmöglichen Energieaufwand beizulegen (RAND & RAND 1976, 1978).

Wird die Grabetätigkeit über Nacht unterbrochen, so schläft das Weibchen in seiner Nesthöhle. Insbesondere spät

Abb. 67. Weibchen beim Graben der Eiablagehöhle. Foto: J. Gábris

in der Nestsaison kommt es vor, daß die Leguane in bereits fertige Nester anderer Weibchen hineingraben und deren Eier wie Kieselsteine herausschleudern. Den Eiern schenken sie keine Beachtung, nicht einmal, nachdem sie diese mit der Zunge prüfend berührt haben.

Das Weibchen scharrt zunächst eine Eingangsgrube von etwa 20 cm Tiefe, in deren Wand ein waagerechter oder leicht abfallender Tunnel (10-15 cm Durchmesser) gegraben wird. Der Tunnel, der sich schließlich im Winkel von 20 bis 30 Grad nach unten neigt, ist je nach Härte des Bodens 30 bis 200 cm lang und endet in eine erweiterte Kammer (15-20 cm Durchmesser), die in 20-70 cm (in der Regel zwischen 30 und 50 cm) Tiefe liegt (RAND 1968a, RAND & DUGAN 1983, RAND & GRAJAL 1990, SOCORRO LARA-LÓPEZ & GONZÁLES-ROMERO 1996).

Abb. 68. Weibchen schaut aus der fertigen Nesthöhle.　　　Foto: J. Gábris

Bei den Großleguanen der Gattungen *Ctenosaura* und *Iguana* benutzen oftmals mehrere Weibchen gemeinsam komplexe Höhlensysteme zur Eiablage (RAND & DUGAN 1983, MORA 1987, KÖHLER 1993a, b). Im Gegensatz zu den Einzelnestern handelt es sich bei den Gruppennestern mehrerer Leguanweibchen um komplizierte Tunnelsysteme mit einem oder auch mehreren Eingängen und vielen Nisthöhlen (Abb. 66). Die relativ geringe Anzahl von Öffnungen zur Außenwelt (Ein- bzw. Ausgänge) im Verhältnis zu der Menge an Gelegen stellt einen guten Schutz vor Eiräubern dar. Jedes Weibchen gräbt seine eigene Nestkammer, die sich jedoch nicht einfach am Ende eines Tunnels befindet, sondern seitlich oder tiefer als sein Verlauf liegt. Ansonsten wäre die Gefahr zu groß, daß sich das nächste Weibchen, dem Verlauf des

Tunnels folgend, durch das vorherige Gelege graben und dieses zerstören würde. Dadurch, daß die Leguane jedes Jahr eine frische Nestkammer graben, wird verhindert, daß sich Pilz- und bakterielle Infektionen etablieren können.

Das Weibchen beginnt mit der Eiablage unmittelbar nachdem die Nestkammer fertig ist. In einem von RAND (1968) beobachteten Fall dauerte die **Eiablagephase** nur eine Stunde vom Ende der Grabetätigkeiten bis zu dem Moment, an dem das deutlich eingefallene Tier wieder an der Erdoberfläche erschien. Die Eier kommen in 2-3 Schichten zu liegen, wobei sich nur die wenigsten wirklich berühren. In der Regel werden sie durch lose Erde getrennt, die das Leguanweibchen immer wieder zwischen dem Austreiben der einzelnen Eier in die Nestkammer befördert.

Nun beginnt das **Verschließen der Nesthöhle**. Die Eiablagekammer und der Tunnel, der unmittelbar zu ihr führt, werden nach der Eiablage mit Erde gefüllt, so daß über dem Gelege kein Luftraum bleibt (RAND & DUGAN 1983, WIEWANDT 1982).

Während das Weibchen die Höhle verläßt, wirft es Erde hinter sich. Anschließend dreht es sich um, schiebt die lose Erde hinein und drückt sie mit der Schnauze fest. Nachdem die lose Erde in der unmittelbaren Umgebung des Eingangs verbraucht ist, beginnt sie, weiter entfernt liegendes Material in Richtung ihrer Höhle zu befördern. Mit den Vorderfüßen scharrt sie die Erde in das Loch und drückt das Substrat fest, bis die Höhle aufgefüllt ist. Das Leguanweibchen arbeitet stetig und schnell, so daß die Höhle in weniger als einer Stunde verschlossen ist.

Der Grabetrieb hält noch mehrere Tage an. Das Weibchen gräbt in immer weiterer Entfernung von seiner Höhle und schüttet dabei eventuell auch Löcher anderer Leguane zu. Es läßt sich dann von den Drohungen anderer Weibchen - im Gegensatz zu seinem Verhalten vor der Eiablage - kaum noch beeindrucken. So beobachtete RAND (1968a) Weibchen, die seelenruhig eine Höhle auffüllen, in der ein fauchendes Weibchen sitzt. Unbeeindruckt schleudert es Erde in das geöffnete Maul des drohenden Höhlenbesitzers und es

kommt vor, daß Weibchen in ihrer Nesthöhle eingegraben werden, sich nicht mehr befreien können und schließlich sterben (RAND 1968a).

Zu Beginn der Eiablageperiode verlassen die Leguane ihre Höhle normalerweise über den Eingang. Wird dieser von anderen Weibchen zugeschüttet, verläßt das Tier das Nest über einen neu gegrabenen Tunnel, dessen Endteil eine 20-40 cm lange senkrechte Röhre ist. Dieser zweite Ausgang wird – eventuell aus Mangel an loser Erde – nicht so gut zugeschüttet (RAND & DUGAN 1983). Die Grabetätigkeit nimmt mehr und mehr ab, das Weibchen arbeitet weniger und verläßt schließlich den Eiablageplatz. In der Regel kehrt das Weibchen wieder zu seinem ursprünglichen Aufenthaltsort vor der

Abb. 69. Junges Weibchen auf der Insel Utila (Honduras).

Eiablage zurück (RODDA & GRAJAL 1990).

Weibchen, die das erste Mal Eier legen, produzieren kleinere Gelege (11-15 Eier/Gelege) mit kleineren Eiern (etwa 75 % des Gewichtes von Eiern älterer Tiere) als Weibchen, die sich bereits mehrfach fortgepflanzt haben (durchschnittlich 30-45 Eier/Gelege). Da die jungen Weibchen zahlenmäßig stark vertreten sind, tragen sie trotz ihrer geringen Eizahl pro Gelege erheblich zur Erhaltung der Population bei (FITCH & HENDERSON 1977).

Die Gelegegröße ist positiv mit der Größe der Weibchen korreliert. Die kleinwüchsigeren Grünen Leguane in Trockengebieten (z.B. Curaçao) produzieren durchschnittlich kleinere Gelege (x = 16,9 Eier/Gelege; MARKEN LICHTENBELT & ALBERS 1993) als die großwüchsigeren Leguane in Regenwaldgebieten (Nicaragua: x = 30,5 Eier/Gelege; Panama: x = 41,0 Eier/Gelege; RAND 1984, MILLER & WERNER 1987). Das Gelege macht etwa ein Drittel (30 - 35 %) der Masse des Weibchens vor der Eiablage aus (RAND 1984, MARKEN LICHTENBELT & ALBERS 1993, ALVARADO et al. 1995). Über die geographische Variation einiger Reproduktionsparameter bei *I. iguana* informiert Tabelle 2.

6.8.3. Inkubation

Die klimatischen Bedingungen in den Leguangelegen sind während der dreimonatigen Inkubationszeit sehr konstant. Bisher veröffentlichte Messungen in Gelegen von *I. iguana* im natürlichen Lebensraum haben ergeben, daß die Temperatur nur zwischen 29 °C und 31 °C schwankt (MÜLLER 1972, RAND 1972, DRUMMOND & BURGHARDT 1983, SOCORRO LARA-LÓPEZ & GONZÁLES-ROMERO 1996). Diese optimalen Bedingungen sind nur während der Trockenzeit gegeben. Messungen an einem Eiablageplatz auf der Insel Utila (Islas de la Bahia, Honduras), der von Grünen und Schwarzen Leguanen (*Ctenosaura bakeri* und *C. similis*) genutzt wird, haben ergeben, daß die Temperatur in einer Tiefe von 50 cm Tag und Nacht konstant bei 31,4 °C liegt. Während die Werte an der Oberfläche zwischen 25,6 °C und 45,9 °C schwanken,

Lokalität	Gelegegröße [Eier/Gelege]	Eimasse [g]	Masse der Jungtiere [g]	Quelle
Mexiko, Michoacán	13-47 (29,7)	12,1-17,7 (15,2)	6,3-17,7 (12,3)	ALVARADO et al. 1995
Curaçao	8-31 (16,9)	12,2-20,5 (15,8)	9,4-14,4 (12,3)	MARKEN LICHTENBELT & ALBERS 1993
Panama	9-71 (41,0)	9,3-16,0 (13,0)	9,4-13,4 (11,4)	RAND 1984, MILLER 1987

Tabelle 2. Grüne Leguane in Trockengebieten produzieren durchschnittlich kleinere Gelege als die großwüchsigeren Leguane in Regenwaldgebieten.

variiert die Temperatur in 25 cm Tiefe zwischen 32,1 °C und 33,3 °C (KÖHLER 1997).

An sonnigen Tagen werden die oberen Erdschichten durch die Sonnenstrahlen aufgewärmt, wodurch es zu einem Wärmefluß im Erdreich von oben nach unten kommt. Nachts hingegen emittieren die oberflächlichen Schichten langwellige Strahlung und erzeugen so einen Wärmefluß von unten nach oben. Diese Vorgänge produzieren einen täglichen Temperaturzyklus, dessen Amplitude mit zunehmender Erdtiefe abnimmt.

Die Substratfeuchtigkeit ist normalerweise nicht während der gesamten Inkubationsdauer konstant. Bei anhaltendem Sonnenschein über mehrere Wochen wird das Erdreich immer trockener, was möglicherweise zu einem Wasserverlust bei den Eiern führt. Bei Regenfällen nimmt der Feuchtigkeitsgehalt der Erde zu, so daß den Eiern mehr Wasser zur Verfügung steht. Die Regelmechanismen im Ei, bei denen der Allantoissack eine wesentliche Rolle spielt, da in ihm große Flüssigkeitsmengen aufgefangen und gespeichert werden können, ermöglichen den Embryonen, auch unter schwankenden, zeitweise nicht optimalen Feuchtigkeitsbedingungen zu überleben

(KÖHLER 1997a). Unter den geschilderten Voraussetzungen beträgt die Inkubationsdauer in der Natur etwa drei Monate (RAND & GREENE 1982).

Im Freiland liegt die Schlupfrate in der Regel bei 40 bis 50 %, kann aber zwischen Null und über 80 % variieren (RAND & ROBINSON 1969, RAND & DUGAN 1980, WERNER 1991). Obwohl offensichtlich nur wenige Eier aufgrund von Pilzinfektionen verderben (RAND 1980), ist die Eisterblichkeit mancherorts sehr hoch. So konnten RAND & Dugan (1980) auf der Insel DeLesseps eine Mortalität von durchschnittlich 47 %, auf Slothia von 14 % und auf der Isla San Jose von nur 3 % ermitteln. Wie empfindlich die Eier des Grünen Leguans gegenüber Temperatur- und Feuchtigkeitsschwankungen sind, zeigen die Beobachtungen von TROYER (1984) und HENDERSON (1974).

Ungewöhnlich starke Regenfälle gegen Ende der Trockenzeit zerstörten 1981 an einem Eiablageplatz in Panama nahezu alle Gelege. Von 50 Gelegen schlüpften nur aus einem wenige Jungtiere. Auch ein Feuer, das mehrere Tage schwelte, führte dazu, daß 1971 an einem Eiablageplatz in Belize keine Grünen Leguane geschlüpft sind, Schwarze Leguane (*Ctenosaura similis*) hingegen schon.

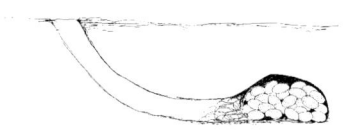

6.8.4. Schlupf

In Panama beginnt der Schlupf der Jungtiere in der ersten Maiwoche mit dem Beginn der Regenzeit (BURGHARDT et al. 1977) und zieht sich bis in den Juni hinein. In Costa Rica und Nicaragua finden wir ähnliche Verhältnisse (FITCH & HENDERSON 1977, DEVENDER 1982).

Die kleinen Leguane benötigen 4-7 Tage, um sich aus der Nesthöhle auszugraben. Während dieser Zeit zehren sie von ihrem Dottervorrat, nehmen jedoch beim Prüfen mit der Zunge Erde auf (TROYER 1984).

Offensichtlich schlüpfen nachts beinahe genauso viele wie tagsüber (DRUMMOND & BURGHARDT 1983). Nachteile, wie die tiefere Lufttemperatur und kaum mögliche visuelle Orientierung, werden durch die verminderte Gefahr durch Beutegreifer wieder ausgeglichen. Beobachtungen an zwei Gelegen in Veracruz, Mexiko, zeigten hingegen, daß die meisten Jungtiere zur Mittagszeit (11.30 bis 13.00 Uhr) an die Erdoberfläche kamen (SOCORRO LARA-LÓPEZ & GONZÁLES-ROMERO 1996).

Meist schlüpfen mehrere Leguane zur gleichen Zeit, wobei Kopf- und Körperbewegungen koordiniert werden. Das gemeinsame Schlüpfen verkürzt offensichtlich die Zeitspanne vom Erscheinen des Kopfes an der Erdoberfläche bis zum endgültigen Verlassen des Schlupfloches auf 12 Minuten statt durchschnittlich 82 Minuten, wenn ein Jungtier allein schlüpft (BURGHARDT et al. 1977). Bei kühlem und feuchtem Wetter kann es vorkommen, daß den ganzen Tag über kein Jungleguan an der Erdoberfläche erscheint.

Die juvenilen Leguane sind darauf angewiesen, ihren Geburtsort so schnell wie möglich zu verlassen und sich über eine große Fläche zu verteilen. Eine hohe Jungtierdichte über einen längeren Zeitraum würde Freßfeinde anlocken. Die Jungleguane, die auf Slothia schlüpfen, verlassen die Insel schwimmend (Distanz je nach Route 20 bis 200 m) schon nach wenigen Tagen, um geeignete Habitate aufzusuchen. Dabei orientieren sie sich vor allem mit Hilfe des Gesichts- und des Geruchssinnes (visuell und olfaktorisch) (DRUMMOND & BURGHARDT 1982). Bei ihrer Wanderung legen sie Gesamtentfernungen von durchschnittlich 250 m, manche jedoch bis zu 1750 m, zurück (BOCK 1984).

Abb. 70. Jungtier in Manuel Antonio (Costa Rica).

6.8.5. Verhalten der Jungtiere

Die Jungleguane bleiben mehrere Wochen nach dem Schlupf in Gruppen von 3-12 Tieren zusammen, wobei die Gruppengröße im Laufe der Zeit eher zu- als abnimmt. Sie laufen, schwimmen und fressen gemeinsam. Ihre Aktivitäten und Bewegungen verlaufen derart synchron, daß es den Anschein hat, als "trete einer in die Fußstapfen des anderen".

Die Jungtiere beziehen ihre Schlafplätze, dünne Zweige in 1-2 m Höhe, kurz vor bis kurz nach Sonnenuntergang solange es noch hell ist und verlassen sie erst nach Sonnenaufgang (BURGHARDT et al. 1977, BURGHARDT & RAND 1985).

Geeignete Jungtierhabitate sind bis zu zwei Meter hohe, dicht belaubte Büsche. Ich habe in Costa Rica im März 1990 bis zu zehn juvenile Grüne Leguane in einem Eisenholz-Busch (*Guiacum officinale*) von etwa 2 x 1, 5 x 1,5 m Größe, der von *Mimosa* sp. durchwachsen war, beobachten können. HENDERSON (1974) berichtet von Jungtieren, die Zuflucht in Löchern von Landkrabben suchten.

Abb. 71 (oben). Jungtierhabitat in Manuel Antonio (Costa Rica).

Abb. 72 (unten). Im vegetationsreichen Habitat sind die kleinen Grünen Leguane gut getarnt.

63

6.9. Wachstum im natürlichen Lebensraum

Das Wachstum der jungen Leguane ist von einer Reihe von Faktoren wie z.B. Nahrungsangebot, Jahreszeit und Gruppengröße abhängig und kann deshalb stark variieren. In immerfeuchten Regenwaldgebieten nimmt die KRL der Leguane in den ersten Lebensmonaten um durchschnittlich 0,38 mm/Tag, anfangs sogar bis zu 0,6 mm/Tag (HARRIS 1982), in trockeneren Gebieten nur um 0,22-0,27 mm/Tag (HENDERSON 1974, MÜLLER 1968, DEVENDER 1982) zu. Offensichtlich ist die Wachstumsgeschwindigkeit auch entscheidend von der Gruppengröße abhängig. BURGHARDT & RAND (1985) ermittelten in Panama für einzeln lebende Jungleguane eine Zunahme der KRL-Länge von durchschnittlich 0,28 mm/Tag, während Tiere, die sich kontinuierlich in Gruppen von drei bis vier Tieren aufhielten, durchschnittlich 0,48 mm/Tag wuchsen.

Innerhalb eines Jahres wachsen die Schlüpflinge von 70-80 mm KRL und durchschnittlich 12 g Gewicht bis zu einer KRL von durchschnittlich 220 mm (Regenwald in Kolumbien, HARRIS 1982) bzw. 160-190 mm (etwas trockenere Gebiete in Costa Rica, DEVENDER 1982) bei einem Gewicht von 150-250 g (DEVENDER 1982). Grundsätzlich verlangsamt sich das Wachstum mit zunehmendem Alter, kommt jedoch auch bei älteren Leguanen nicht vollständig zum Stillstand. So wachsen fünf bis sieben Jahre alte Exemplare (KRL 36,0-38,5 cm) noch immerhin 7 - 20 mm KRL pro Jahr (ZUG & RAND 1987, RAND & BOCK 1992). Das Wachstum des Grünen Leguans unterliegt in der Natur einem strengen Jahreszyklus, wobei die Regenzeit das Wachstum fördert, die Trockenzeit es hingegen verzögert (ZUG & RAND 1987).

Iguana iguana und *Ctenosaura similis* weisen im Vergleich zu anderen Vertretern der Unterfamilie Iguaninae das schnellste Wachstum und die früheste Geschlechtsreife auf (WIEWANDT 1982). Die männlichen Leguane erreichen die Geschlechtsreife viel früher als die weiblichen Artgenossen. Mit einem Alter von 15 bis 17 Monaten und einer KRL von 170 - 200 mm (etwa 40 % der durchschnittlichen Erwachsenengröße) werden die Männchen sexuell aktiv, während die Weibchen erst ein bis zwei Jahre später zum ersten Male trächtig werden, bei einer Mindestgröße von 270 mm (etwa 70 % der durchschnittlichen Erwachsenengröße) (FITCH & HENDERSON 1977, DUGAN 1982, HARRIS 1982, DEVENDER 1982, PRATT et al. 1994). In Populationen aus Trockengebieten, in denen die durchschnittliche Adultgröße kleiner als bei Tieren aus Regenwaldgebieten ist, werden die Weibchen schon mit einer KRL von 188 - 220 mm geschlechtsreif (BAKHUIS 1982, MARKEN LICHTENBELT 1991).

Die Jungtiersterblichkeit ist in der Natur durch die zahlreichen Freßfeinde recht hoch, so daß nur 2,6 - 5,0 % der

Schlüpflinge das erste Lebensjahr überleben (Harris 1982, Devender 1982).

6.10. Natürliche Feinde

Erwachsene Grüne Leguane haben kaum natürliche Feinde. In Frage kommen nur Krokodile (z.B. das Spitzkrokodil *Crocodylus acutus* [Greene et al. 1978]), große Schlangen (z.B. Boas *Boa constrictor* [Swanson 1950] und Große Anakondas *Eunectes murinus* [Petzold 1984]) sowie einige Säugetiere (z.B. Jaguare *Panthera onca* [Beebe 1944], Tayra-Marder *Eira barbara* [Greene et al 1978] und Groß-Grisons *Grison (=Galctis) vittata* [Rodda & Burghardt 1985]).

Jungtiere hingegen werden von einer ganzen Reihe von Prädatoren bedroht. In den ersten drei Lebensmonaten ist der Helmbasilisk (*Basiliscus basiliscus*) vielerorts der wichtigste Beutegreifer von *Iguana iguana* (Greene et al. 1978, Devender 1982). Bedeutung haben weiterhin Fische (*Osteoglossum bicyrrhosum* [Avila-Pires 1995]), Schwarze Leguane (*Ctenosaura similis* [Devender 1982]), Schlangen (z.B. die Abgottschlange *Boa constrictor*, die Gartenboa *Corallus enydris*, die Erdspitznatter *Oxybelis aeneus* [Greene et al. 1978] und die Lyra-Schlange *Trimorphodon biscutatus* [Devender 1982]), Krokodile (z.B. das Spitzkrokodil *Crocodylus acutus* [Greene et al. 1978], Vögel (z.B. der Bootsschwanz *Quiscaltis* sp. [Devender 1982], der Groß-Ani *Crotophaga major*, der Braun-

Abb. 73 (oben). Der Helmbasilisk (*Basiliscus basiliscus*) ist ein häufiger Prädator von Jungleguanen.

Abb. 74. Sehr erfolgreich im Aufspüren von Leguaneiern: der Spitzkopfpython (*Loxocemus bicolor*).

rückentukan *Ramphastos swainsonii*, der Rabengeier *Coragyps atratus* und der Truthahngeier *Cathartes aura* [Drummond & Burghardt 1982, Greene et al. 1978]) und Säugetiere (z.B. der Tayra-Marder *Eira barbara*, der Südamerikanische Nasenbär *Nasua nasua*, der Ozelot *Felis pardalis* und die Vieraugen-

Beutelratte *Philander opossum* [GREENE et al 1978, DEVENDER 1982]).

Grüne Leguane wenden eine Reihe von Strategien an, um potentiellen Beutegreifern zu entgehen. Dank ihrer Tarnfärbung sind die ruhig sitzenden grasgrünen Jungtiere in den dicht belaubten Büschen schwer zu entdecken. Sie haben ein gutes Sehvermögen und sind sehr aufmerksam. Daß juvenile Leguane sich in den gefährlichsten ersten Lebensmonaten in Gruppen aufhalten, kommt ihnen deshalb zugute, da mit der Gruppengröße die Wahrscheinlichkeit wächst, daß eines der Tiere eine Gefahr rechtzeitig erkennt. Erschrickt und flüchtet eines, so folgen die anderen unmittelbar. Dies gilt auch nachts, da sie sehr dünne Zweige als Schlafplätze auswählen, die sich leicht bewegen und mechanisch die Bewegungen eines nahenden Tieres weiterleiten. Beutegreifer leben meist solitär und greifen nur maximal einen Leguan aus der Gruppe. Viele flüchtende Jungleguane auf einmal können auch verwirrend auf den Prädator wirken.

Grüne Leguane flüchten auf den Hinterfüßen (bipedal), wobei der Schwanz, um das Gleichgewicht zu halten, nach oben gehoben wird. Jungtiere können auf diese Art und Weise sogar blitzschnell über Wasserflächen laufen, ohne einzusinken (GREENE et al. 1978). Werden große Grüne Leguane ergriffen, schlagen sie mit ihrem kräftigen Schwanz, kratzen, setzen Kot ab und versuchen zu beißen.

Jungtiere sind in der Lage, ein verloren gegangenes Schwanzstück zu regenerieren. Diese Fähigkeit geht mit zunehmendem Alter verloren.

Mit Hilfe des Parietalauges (vgl. Kapitel "Beschreibung und Geschlechtsunterschiede") können die Leguane hell und dunkel unterscheiden und auf diese Weise auf einen von oben kommenden Freßfeind (z.B. einen Greifvogel) aufmerksam werden, noch bevor sie ihn mit ihren "richtigen" Augen entdeckt haben.

Der Spitzkopf-Python *Loxocemus bicolor* (Abb. 74) ist sehr geschickt im Aufspüren und Fressen von Leguaneiern. Der Kot eines 140 cm langen Exemplares aus Costa Rica enthielt Reste von 23 *Iguana*- und 4 *Ctenosaura*-Eiern (MORA 1987). Eine Reihe von Säugetieren plündert die Gelege von *I. iguana*. Auf Barro Colorado Island (Panama) wurden 14 von 16 untersuchten Gelegen von Nasenbären (*Nasua nasua*) zerstört (RAND & DUGAN 1983). Weiterhin kommen der Fischotter *Lutra annectens*, der Nordamerikanische Waschbär *Procyon lotor*, die Vieraugen-Beutelratte *Philander opossum*, das Nordopossum *Didelphis marsupialis*, der Ozelot *Felis (=Leopardus) pardalis*, die Wieselkatze *Felis (=Herpailurus) yagouaroundi*, der Tayra-Marder *Eira barbara*, der Halsbandpekari *Tayassu tajacu* und das Neunbinden-Gürteltier *Dasypus novemcinctus* als Nesträuber in Frage (RAND & ROBINSON 1969). Geier fressen Leguaneier, die zufällig von Leguanweibchen beim Graben freigelegt werden (RAND 1968, SEXTON 1975).

7. Pflege im Terrarium

7.1. Empfehlungen zum Erwerb und zur Eingewöhnung

Wer mit dem Gedanken spielt, sich Grüne Leguane ins Haus zu holen, sollte vorher folgende Punkte bedenken und gegebenenfalls mit den Mitbewohnern besprechen:

- Innerhalb von ein bis zwei Jahren sind aus den wenige Zentimeter großen Jungtieren mehr als ein Kilogramm schwere und über einen Meter lange Echsen geworden, die ein Terrarium von mindestens 200x150x200 cm (LBH) benötigen.

- Grüne Leguane sind langlebig und können bei guter Pflege ein Alter von mehr als 20 Jahren erreichen.

- Die Tiere benötigen tägliche Pflege und Fütterung. Der zeitliche Arbeitsaufwand für eine Gruppe Grüner Leguane beträgt mindestens 30 bis 60 Minuten pro Tag (Futterzubereitung, Fütterung, Reinigung von Futterschüssel, Trinknapf, Wasserbecken und Terrarium, Beobachtungen, Aufzeichnungen). Bei Problemen (z.B. Krankheiten) oder der wünschenswerten Nachzucht erhöht sich der Zeitbedarf wesentlich. Man sollte sich auch Gedanken um eine Urlaubsvertretung machen.

- Manche Leguanmännchen sind während der Paarungszeit (zwei bis drei Monate) gegenüber vergesellschafteten Weibchen derartig aggressiv, daß eine vorübergehende Trennung notwendig sein kann (mit Hilfe einer Trennwand oder einem zweiten Terrarium), um ernsthafte Verletzungen zu vermeiden.

Der Grüne Leguan wird im Anhang 2 des Washingtoner Artenschutz-Übereinkommens (CITES) geführt und ist in Anhang B der Verordnung EG Nr. 338/97 aufgelistet, die seit dem 1. Juni 1997 gültig ist. Für die Beförderung und die Vermarktung innerhalb der Europäischen Gemeinschaft ist für *Iguana iguana* als Anhang-B-Art keine CITES-Bescheinigung mehr notwendig. Man sollte dennoch beim Erwerb eines Grünen Leguans darauf achten, daß man Dokumente erhält, die Auskunft über die rechtmäßige Herkunft des Tieres geben.

Noch sicherer ist es, sich eine CITES-Bescheinigung für das Tier ausstellen zu lassen. Für die Einfuhr in oder die Ausfuhr aus der Europäischen Gemeinschaft ist ein CITES-Dokument als Nachweis der Legalität auf jeden Fall erforderlich (MARTENS et al. 1997a). Durch die 3. Verordnung zur Änderung der Bundesartenschutzverordnung (BArtSchV), die seit dem 14.

Juni 1997 gültig ist, entfallen für den Grünen Leguan die zusätzlichen nationalen Ein- und Ausfuhrgenehmigungspflichten (MARTENS et al. 1997b). Beziehen kann man den vollständigen Text der Verordnung EG Nr. 338/97 beim: Bundesanzeiger Verlagsgesellschaft mbH, Postfach 10 80 06, 50667 Köln.

Man sollte auf jeden Fall versuchen, an **Nachzuchttiere** zu gelangen, um den Import von Wildfängen nicht zu unterstützen. Außerdem sind Importtiere durch Fang, Hälterung, Transport und Aufenthalt beim Groß- und Einzelhändler meist äußerst verstört, ängstlich und krank (insbesondere leiden die meisten von ihnen unter einem starken Parasitenbefall). Auch Nachzuchttiere sind oft nicht parasitenfrei, jedoch stabiler und haben weit weniger schlechte Erfahrungen mit dem Menschen gemacht. Sie verhalten sich deshalb zutraulicher, ruhiger und umgänglicher als ihre aus der Natur entnommenen Artgenossen.

Grüne Leguane sind außerordentlich sensibel. Grundsätzlich gewöhnen sich Jungtiere leichter ein als adulte Leguane, die durch den Streß oft wochenlang das Futter verweigern und sich durch eine verminderte Abwehrkraft häufig Erkrankungen wie z.B. Lungenentzündungen, Abszesse, Gelenkentzündungen und entzündliche Veränderungen im Maulbereich entwickeln können, die bei eingewöhnten, parasitenfreien Leguanen selten auftreten.

Wer mit der Leguanpflege beginnen will, sollte zwei bis drei Jungtiere erwerben. Ein eventueller Zuchterfolg ist dann natürlich nicht gleich möglich, dafür hat man um so mehr Freude an der Aufzucht der interessanten und liebenswerten Jungleguane. Da es bis zu einem Alter von etwa einem Jahr nicht möglich ist, Männchen und Weibchen sicher zu unterscheiden, hat man auch keinen Einfluß auf das Geschlechterverhältnis der Gruppe. Sollte sich im Laufe der Zeit herausstellen, daß man leider zwei Männchen erworben hat, so kommt man an einer Trennung der beiden nun unverträglichen Terrarienbewohner nicht vorbei. Ein Zuviel an Weibchen ist nicht allzu tragisch, da es bei diesen kaum zu Streitigkeiten kommt.

Unabhängig, von wem man einen Grünen Leguan übernimmt – selbst, wenn es sich um das langjährige Tier des besten und zuverlässigsten Freundes handelt – eine sorgsam durchgeführte, 6-8wöchige **Quarantäne** ist ein unbedingtes Muß!

Man kann nie ausschließen, daß ein Tier eine ruhende (latente) Infektion hat, es also potentielle Krankheitserreger beherbergt, klinisch jedoch gesund ist. Der Streß des Orts- und Besitzerwechsels, verbunden mit oftmals gravierenden Veränderungen in Bezug auf Umgebung, Klima, Futter, vergesellschaftete Tiere, Keimdruck und Betreuer, kann dazu führen, daß sich die Abwehrlage des betroffenen Tieres verschlechtert, vorhandene Erreger sich stark vermehren können, und es schließlich klinisch krank wird. Abhängig davon, um welche Krankheitserreger es sich handelt, muß man nun im Falle einer versäumten Quarantäne nicht nur das Tier, welches die Erkrankung eingeschleppt hat, sondern auch alle anderen, die mit ihm Kontakt hatten, behandeln. Da nicht alle infektiösen Erkrankungen heilbar sind, kommt dann zu dem Mehraufwand in Bezug auf die Behandlung noch das Risiko, wertvolle Tiere aus dem eingewöhnten Bestand zu verlieren.

Ein gesunder Grüner Leguan ist aufmerksam und neugierig. Aktive Phasen, in denen Grüne Leguane fressen, imponieren, balzen oder einfach nur ihre Umgebung erkunden, wechseln sich mit solchen ab, in denen sie sich sonnen oder schlafen.

Schwerkranke Leguane weisen eingesunkene Augen, hervorstehende Beckenknochen und Muskelschwund an Extremitäten und Schwanz auf. Haut und Schuppenkleid sind von matter gelbgrüner Farbe (s. a. Abb. 156, S. 127). Eine mit Daumen und Zeigefinger gebildete Hautfalte verstreicht nur sehr zögernd oder gar nicht. Sie liegen fast die ganze Zeit apathisch auf dem Boden und nehmen kaum Anteil an ihrer Umgebung. Wenn sie laufen, bewegen sie sich unsicher und senken in den Pausen immer wieder ihren Hinterleib auf den Boden.

Abb. 75. Ein gesunder Leguan ist aufmerksam und neugierig.

Zum **Transport** (z.B. zum Tierarzt) sollte ein Leguan einzeln in einem trockenen Leinen- oder Baumwollbeutel untergebracht werden. Der Beutel kommt je nach Außentemperaturen in einen Papp- oder Styroporkarton, der mit Lüftungslöchern versehen ist. Bei Bedarf sorgt man mit Hilfe einer Wärmflasche dafür, daß die Transporttemperatur bei 20 bis 25 °C liegt.

Ich empfehle jedem Leguanpfleger, der Deutschen Gesellschaft für Herpetologie und Terrarienkunde (DGHT) sowie der »Arbeitsgemeinschaft Leguane IGUANA in der DGHT« beizutreten.

Diese AG, die 1986 als »Arbeitsgemeinschaft Grüner Leguan« gegründet wurde, gibt eine interne Informationsschrift (»IGUANA Rundschreiben«) mit Berichten über Pflege, Zucht, Erkrankungen etc. von Iguaniden, ein Mitgliederverzeichnis und Literaturlisten zu den verschiedenen Leguangattungen heraus. Einmal jährlich veranstaltet die AG eine Fachtagung, den »IGUANA-Workshop«, mit Vorträgen, Diskussionen und Exkursionen. Weitere Informationen sind über die DGHT-Geschäftsstelle (s. S. 160) zu erhalten.

7.2. Besatzdichte und Vergesellschaftung

Da ausgewachsene Männchen untereinander unverträglich sind und es zu Beschädigungskämpfen kommt, sollte man nur ein Männchen mit einem oder mehreren Weibchen zusammen halten. Eine Einzelhaltung von Grünen Leguanen ist nicht zu empfehlen, da sie dann bei mangelnder Zuwendung leicht abstumpfen. Ein einzeln gehaltener Leguan benötigt genauso viel Platz wie zwei oder drei Exemplare. Auch beim Futter-, Strom- und Wasserverbrauch bestehen in dieser Hinsicht

kaum Unterschiede. Leguane, die in einer Gruppe leben, gewöhnen sich in der Regel genauso schnell an ihren Pfleger und werden zahm wie Einzeltiere.

Keinesfalls darf man Babyleguane zu erwachsenen Tieren setzen, da es vorkommen kann, daß ein erwachsener Leguan ein Jungtier der eigenen Art als willkommenen Leckerbissen betrachtet.

Die Vergesellschaftung mit gleich großen Echsen, wie z.B. Tejus (*Tupinambis* sp.) oder Schwarzen Leguanen (z.B. *Ctenosaura similis)* ist gut möglich. Grundsätzlich sollte man darauf achten, daß man keine gegensätzlichen Ökotypen oder gar potentielle Beutetiere (z.B. kleine Echsen) auswählt.

Bei einer Vergesellschaftung mit Schildkröten ist besondere Vorsicht geboten, da diese oft klinisch gesunde Dauerausscheider von *Entamoeba invadens* darstellen. Echsen sterben jedoch innerhalb weniger Wochen an einer *Entamoeba*-Infektion. Wenn man neben Leguanen auch Schildkröten in separaten Terrarien pflegt, sollte man grundsätzlich erst die Echsenterrarien versorgen, bevor man sich mit den Terrarien der Schildkröten befaßt (KÖHLER 1992b).

7.3. Das Terrarium

Zunächst muß der **Standort des Terrariums** festgelegt werden. Damit das Leguanterrarium nicht als "Fremdkörper" im Raum steht, empfiehlt es sich, eine Nische, Ecke oder Raumhälfte zu nutzen, in die sich die Konstruktion harmonisch einfügt (vgl. Abb. 76 b).

Sehr vorteilhaft ist es, ein möglichst nach Süden gerichtetes Außenfenster zu integrieren, was den Zutritt von Sonnenlicht in das Terrarium erlaubt. Obwohl das Licht durch das Isolierglas gefiltert wird und deshalb keine UV-Strahlung enthält, wirkt es sich durch die erhöhte Helligkeit im Terrarium enorm positiv auf das Wohlergehen der Leguane aus.

Mit Hilfe einer Wintergarten- oder (Anbau-) Gewächshauskonstruktion können während der Sommermonate wegen der gebotenen Lichtfülle ideale Lebensbedingungen für Leguane geschaffen werden. Man sollte aber bedenken, daß während der kalten Jahreszeit die Heizkosten unverhältnismäßig hoch sind, um in einem Wintergarten oder einem Gewächshaus die notwendigen tropischen Bedingungen zu gewährleisten. Wer über die entsprechenden Möglichkeiten verfügt, kann seinen Leguanen eine Zimmeranlage (für die Wintermonate) und zusätzlich ein modifiziertes Gewächshaus (für die Zeit von Mai bis September) bieten.

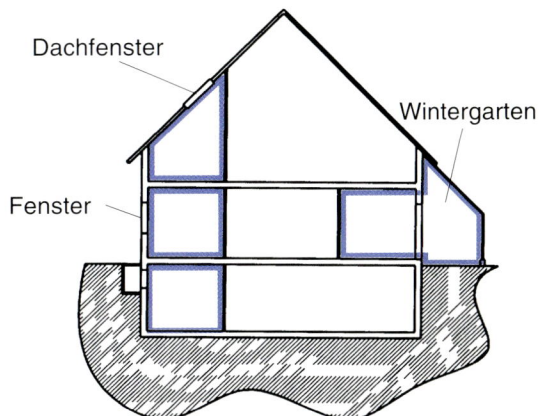

Abb. 76 a. **Mögliche Standorte eines Terrariums im Haus.**

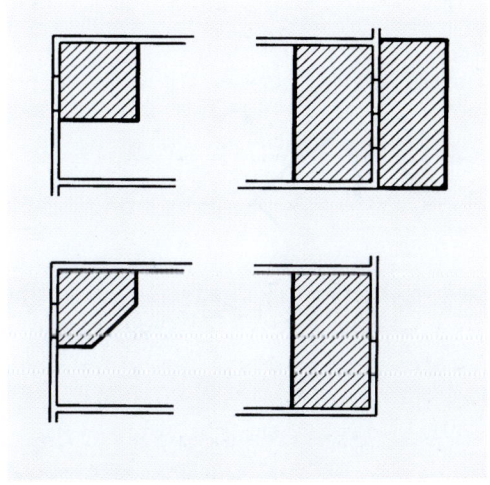

Abb. 76 b. **Mögliche Standorte eines Terrariums im Zimmer.**

7.3.1. Größe

Aufgrund ihrer Größe benötigen Grüne Leguane ein sehr geräumiges Terrarium. Als Mindestgröße eines Terrariums für ein adultes Paar sind 200x150x200 cm (LBH) anzusehen. Da man seine Tiere jedoch nicht an der Grenze des Erträglichen halten möchte, sollte die Terrariengröße so groß wie möglich gewählt werden. 250x200x200 cm (LBH) sind vernünftige Terrarienmaße für ein adultes Paar oder ein Männchen mit zwei Weibchen.

Für Jungtiere darf der Behälter nicht zu groß sein, da sie dann meist scheuer sind und schlechter fressen. Für zwei bis drei Leguane bis zu einer Gesamtlänge von etwa 500 mm (KRL 130-150 mm) genügt ein Terrarium mit den Maßen 100x60x100 cm (LBH).

7.3.2. Konstruktion eines Großterrariums

Terrarien für ausgewachsene Grüne Leguane sind aufgrund ihrer Größe kaum im Handel erhältlich und müssen in der Regel selbst gebaut werden. Da die räumlichen Voraussetzungen (zu Verfügung stehender Platz, klimatische Gegebenheiten, Vorhandensein von Fenstern etc.) jeweils sehr verschieden sein können, ist es nur schwer möglich, eine allgemeingültige Bauanleitung zu verfassen. Die folgenden Angaben sollen deshalb als Anregungen und Ideen dienen, die bei der Planung und Konstruktion des eigenen Terrariums entsprechend zu modifizieren sind. Man sollte sich bei der Planung eines solchen Großterrarium viel Zeit lassen und sich Anregungen bei anderen Leguanpflegern und in Zoologischen Gärten holen.

In jedem Falle muß gewährleistet sein, daß

- das Terrarium stabil, aber nicht unnötig schwer ist,
- die Materialien dauerhaft nässebeständig sind oder effektiv geschützt werden (feuchtwarmes Klima im Terrarium),
- die Konstruktion zweckmäßig ist und der Innenraum inklusive des Wasserbeckens leicht zu reinigen ist und
- die elektrischen Anlagen für die Tiere nicht erreichbar sind.

Die Konstruktion beginnt mit dem Bau eines Sockels, da bei ebenerdiger Bauweise die Installation des Wasserbeckenabflusses problematisch wäre. Als Material für den Sockel haben sich Gasbetonsteine ("Ytong") bewährt, die einfach zu verarbeiten, leicht und stabil sind (WESIAK 1996). Nachdem man die Steine mit einer Ytong-Säge zurechtgesägt hat, werden sie mit Hilfe von Fliesenkleber verbunden.

Ein geräumiges **Wasserbecken**, das für erwachsene Leguane eine Größe von mindestens 60x60x20 cm (LBH) aufweisen sollte, darf schon aus Gründen des Terrarienklimas nicht fehlen. Als Wasserbecken kann man große glasfaserverstärkte Kunststoffwannen, wie sie für Hydrokulturbecken angeboten werden, aber auch andere stabile Behälter verwenden (s. Abb. 77).

Um die tägliche Reinigung zu erleichtern, muß das Wasserbecken über einen Ablauf und einen Zulauf verfügen. Mit einer Lochsäge wird in einer Ecke des Wasserbeckens ein rundes Loch für den Abfluß geschaffen. Der Abfluß selbst sollte ein durchgängiges Rohr sein, da gelochte Einsätze bei der späteren Reinigung durch Verstopfung Probleme bereiten können. Wenn möglich, führt man das Abflußrohr, in das man ein Absperrventil einbringt, direkt in die Kanalisation. Auf den Sockel unter das Wasserbecken kann man eine Heizmatte legen, die die spätere Erwärmung des Wassers auf 25 - 28 °C gewährleistet, ohne daß Heizelemente in das Wasser gebracht werden müßten. Auch die Installation von Heizkörpern oder Warmwasser-Heizungsrohren unter dem Becken oder die Erwärmung des gesamten (nach außen isolierten) Sockelinnenraums sind denkbare Lösungen. Keinesfalls dürfen Aquarienheizstäbe oder ähnlich zerbrechliche Gegenstände im Wasserbecken installiert werden. Grundsätzlich müssen alle stromführenden Leitungen geschützt außerhalb des Terrariums verlaufen. Die Wanne wird so auf den Gasbetonsteinen plaziert, daß ein leichtes Gefälle in Richtung Abfluß vorhanden ist, damit das Becken sich später vollständig entleeren läßt.

Abb. 77. Ein Wasserbecken ist nicht nur aus Gründen des Klimas im Leguanterrarium unbedingt notwendig.
Foto: P. Berbalk

Abb. 78. Für ein solches Wasserbecken wird kein Sockel benötigt. Es ist darauf zu achten, daß die Leguane ohne Probleme wieder aus dem Becken heraus können. Foto: P. Berbalk

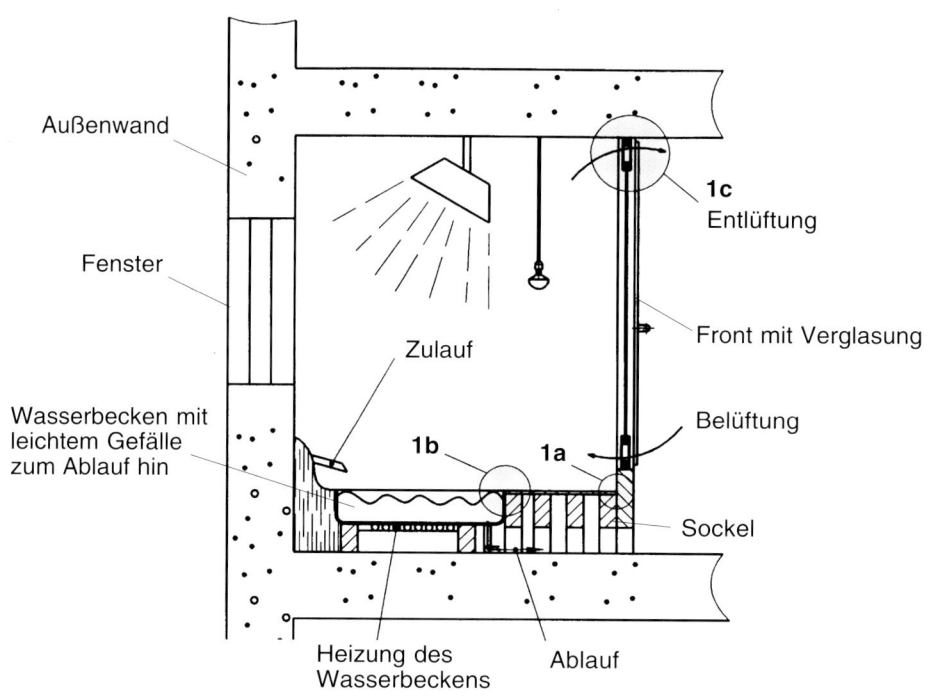

Außenwand

Fenster

Wasserbecken mit
leichtem Gefälle
zum Ablauf hin

Zulauf

1b   **1a**

Heizung des
Wasserbeckens

Ablauf

1c
Entlüftung

Front mit Verglasung

Belüftung

Sockel

Abb. 79. Seitlicher Querschnitt durch ein Leguanterrarium.

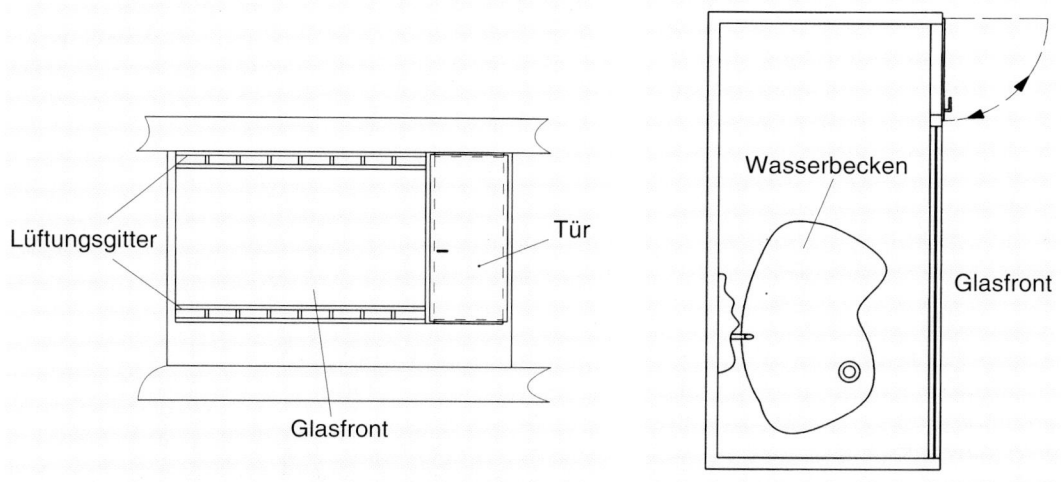

Lüftungsgitter

Tür

Glasfront

Wasserbecken

Glasfront

Abb. 80 und 81. Frontalansicht (links) und Aufsicht (rechts) eines Leguanterrariums.

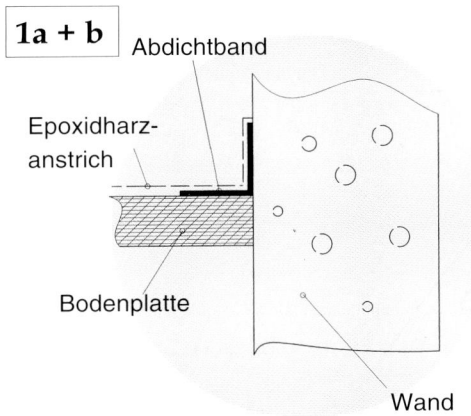

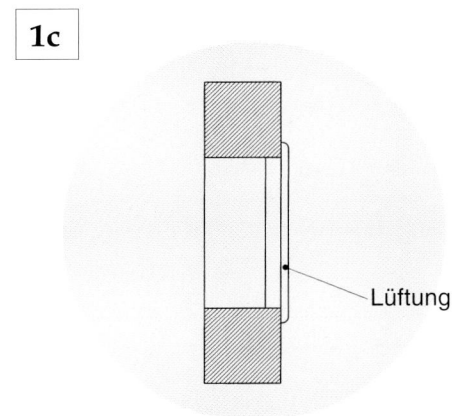

Abb. 82. Die Verbindungsstellen der Bodenplatte (bzw. Wasserbecken) zur Wand werden mit einem Gewebe- oder Abdichtband verklebt und anschließend mit Epoxidharz versiegelt. So wird der Innenraum unempfindlich gegen Nässe.

Abb. 83. Die Be- und Entlüftung kann mit Lochgitter oder handelsüblichen Lüftungen (z.B. fürs Bad) aus Kunststoff oder Metall konstruiert werden. Herausnehmbare Lüfter haben den Vorteil, daß sie sich bei Verschmutzung reinigen lassen.

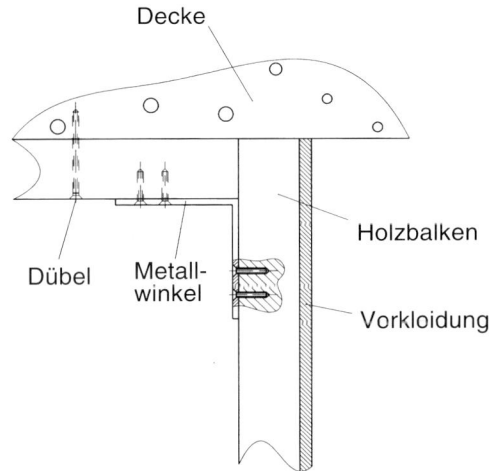

Abb. 84. Befestigung der Rahmenkonstruktion an der Decke bzw. Wand. Die Verbindungsstellen der Balken werden mit Metallwinkeln stabilisiert.

Abb. 85. Eine Isolierung der Zimmerwände zum Terrarium hin ist notwendig, damit keine Kältebrücken entstehen. In den Zwischenräumen lassen sich die Strom- und Wasserleitungen unterbringen, so daß sie für die Tiere nicht erreichbar sind.

Die Bodenfläche des Terrariums, die nicht vom Wasserbecken ausgefüllt wird, kann nun horizontal mit Gasbetonsteinen gemauert werden, wobei ein leichtes Gefälle in Richtung des Wasserbeckens geschaffen werden sollte, damit Beregnungs-, Spritz- und Reinigungswasser problemlos abfließen kann.

Bei der Konstruktion des Sockels muß darauf geachtet werden, daß man später immer noch an Teile der Anlage gelangt, um eventuell notwendige Wartungs- und Reparaturarbeiten (z.B. an Abfluß oder Heizung) durchführen zu können.

Die **Wände** des Terrariums können ebenfalls aus Gasbetonsteinen gemauert werden. Eine Alternative ist es, zunächst einen stabilen Rahmen aus Vierkanthölzern (4x6 cm) zu bauen und die Innenflächen dann mit Holz- oder Fermacellplatten zu verkleiden. Bei der Planung des Rahmens sollte bereits an die spätere Einrichtung des Terrariums gedacht werden, da die großen Äste (Baumstämme?) stabil befestigt werden müssen.

Wenn vorhandene gemauerte Wände einbezogen werden sollen, müssen diese gut isoliert werden. Styroporplatten von fünf Zentimeter Stärke, die mit Styroporkleber an den Wänden fixiert werden, leisten hierbei gute Dienste. Nachdem der Rahmen fertiggestellt ist, werden die Innenseiten mit Platten verkleidet. Ich habe sowohl mit Holz (19 mm Tischler- oder auch Preßspanplatten) als auch mit anderen Materialien (z.B. Gipsfaserplatten) gute Erfahrungen gemacht. In jedem Fall muß das Material gegen Feuchtigkeit gut isoliert werden, um dauerhaft haltbar zu sein (siehe unten). Nachdem die Platten an die Rahmenkonstruktion geschraubt worden sind, können die Fenster für die Belüftungsgitter und Ventilatoren ausgesägt werden.

Bei der Konstruktion der durchsichtigen **Front** sollte man sich unbedingt von einem Glaser beraten lassen und auch den Einbau dem Fachmann überlassen. Je nach Größe der Scheiben wird man 8 bis 12 mm starke geschliffene Glasscheiben verwenden, die auf Rollen gelagert sind.

Um die **Innenflächen** dauerhaft beständig gegenüber feuchter Wärme zu machen und gleichzeitig ein ansprechendes Erscheinungsbild zu erhalten, kann man mit Hilfe von Haftputz, Zementfarbe, Epoxidharz und Sand künstliche Felswände schaffen. Die Grundstruktur (Erhebungen, Vorsprünge etc.) einer künstlichen Felswand wird aus Styropor geschaffen, das mit einem erhitzten Messer leicht bearbeitet werden kann. Danach wird die gesamte Styroporoberfläche mit Zement-Haftputz, der mit Zement-Farbe ("gold-ocker") angefärbt wird, verputzt (Dicke mindestens 1-2 cm) und mit einem nassen Pinsel entsprechend modelliert, wobei darauf geachtet werden muß, daß keine scharfen Kanten entstehen. Damit die Felswand kratzfest und abwaschbar wird, erhält sie einen Anstrich mit farblosem

Epoxidharz. Noch im feuchten Zustand wird das Harz mit gesiebtem Sand beworfen, wodurch die "Felswand" Sandsteincharakter erhält. Das Sieben des Sandes ist wichtig, damit die Oberfläche schließlich nur wie feines Schmirgelpapier ist und keine messerscharfen Vorsprünge aufweist. Das Resultat dieser etwas mühevollen Konstruktion ist eine "Felswand" die dauerhaft kratzfest sowie leicht abwaschbar und desinfizierbar ist. Um die Innenwände feuchteresistent zu machen, kann man sie auch fliesen oder mehrfach mit Epoxidharz streichen. Die Fugen müssen dann mit Silikon versiegelt werden.

7.3.3. Heizung

Leguane sind wie alle Reptilien "wechselwarm", weshalb den Temperaturbedingungen im Terrarium eine lebenswichtige Bedeutung zukommt. Leguane versuchen, ihre Körpertemperatur während ihrer Aktivitätszeit in einem Bereich von 34 - 37 °C (sogenannte Aktivitätstemperatur) zu halten (McGinnes & Brown 1966). Untersuchungen haben ergeben, daß Grüne Leguane bei einer Umgebungstemperatur von 35 °C mehr Nahrung zu sich nehmen, besser verdauen und schneller wachsen als bei 28 °C (Marken Lichtenbelt 1992, Baer 1994).

In der Natur gelingt den Tieren diese Thermoregulation durch die Wahl des Aufenthaltsortes (Sonne, Halbschatten oder Schatten; im Freien, im

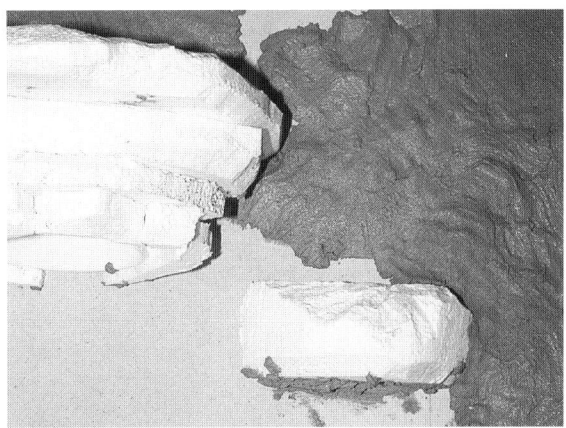

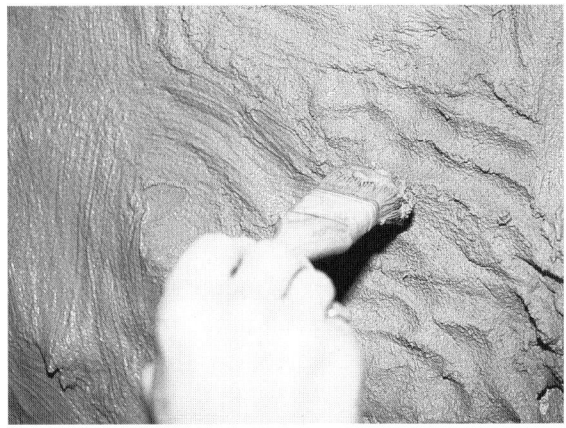

Abb. 86 (oben). Eine künstliche Felswand kann mit Hilfe von Styropor und Zement-Haftputz erstellt werden.

Abb. 87 (unten). Mit einem Pinsel wird der „Felsen" im feuchten Zustand modelliert.

Wasser oder in einer Höhle etc.), durch Verhaltensweisen (z.B. Abflachen und Ausrichten des Körpers in Richtung Sonne) und durch Variieren der Färbung (dunkler bzw. heller).

Damit die Leguane auch im Terrarium ihre Körpertemperatur durch

Thermoregulation im Optimalbereich halten können, ist es unbedingt notwendig, verschiedene Temperaturzonen zu schaffen.

Es muß Zonen im Behälter geben, an denen die Temperatur 40 - 45 °C erreicht und solche, die mit 20 - 25 °C deutlich kühler sind. Damit die Tiere aber nicht übermäßig viel Zeit mit der Aufrechterhaltung der optimalen Körpertemperatur verbringen müssen, sollte die Grundtemperatur der Luft in etwa zwei Drittel des Terrarienvolumens bei 30 - 35 °C liegen.

Eine "kühlere Periode" ähnlich der Winterruhe unserer heimischen Reptilien existiert im natürlichen Lebensraum des Grünen Leguans nicht, weshalb oben genannte Temperaturbedingungen das ganze Jahr über herrschen müssen. Eine Reduktion von Licht oder Wärme z.B. während des Urlaubs sind tierfeindliche Maßnahmen, die zu Gesundheitschäden bei den Leguanen führen.

Die Erwärmung des Terrariums kann mit Wärmestrahlern, Heizmatten, Heizkabeln, Warmwasserrohren, Heizkörpern und Heizlüftern geschehen. Die Wahl der Geräte ist abhängig von der Terrariengröße und dem Konstruktionstyp.

Bei einem Großterrarium mit Sockel kann in den Hohlraum unter dem Terrarium eine Heizung eingebaut werden, wobei Warmwasserrohre oder Heizkörper, die an die Zentralheizung angeschlossen sind, Verwendung finden können. Elektrische Heizlüfter sind zwar auch möglich, verbrauchen aber empfindlich viel Strom. Der Boden und die Seiten des Sockels müssen gegen Wärmeverlust nach außen isoliert werden, die Decke des Sockels (=Boden des Terrariums) natürlich nicht, damit die Wärme über diese in den Terrarieninnenraum geleitet wird. Für die Temperaturregelung müssen Thermostate eingesetzt werden, um mit der "Sockelheizung" die notwendige Nachttemperatur von 20 - 25 °C im Terrarieninnenraum zu erreichen.

Bei der Verwendung von Wärmelampen (z.B. Elstein-Strahler) ist darauf zu achten, daß die Geräte sicher abgeschirmt sind und den Tieren der direkte Kontakt oder Zugang unmöglich gemacht wird. Schwere Verbrennungen können ansonsten die Folge sein (s. a. Abb. 151, S. 126). Die Abschirmung kann mit Hilfe eines Drahtkäfigs um den Strahler verwirklicht werden. Die Maschenweite des Gitters muß fein genug sein, um ein Durchschlüpfen der Leguane zu verhindern. Auch muß der Drahtkäfig an jedem Punkt genug Abstand zur Heizquelle haben (je nach Leistung des Gerätes 10 - 25 cm), damit sich der Draht nicht zu stark aufheizt.

7.3.4. Beleuchtung

Die Beleuchtungsdauer kann das ganze Jahr über 12 Stunden betragen. Die an der Decke des Terrarieninnenraums installierte Beleuchtung des Terrariums erzeugt nicht nur Licht, sondern auch die Wärme, die notwendig ist, um die Luft tagsüber auf Werte zwischen 30 und 35 °C zu erwärmen und lokale Wärmeinseln von 40 bis 45 °C zu schaffen.

Die von Lichtquellen ausgesandte Strahlung kann in mehrere Kategorien eingeteilt werden: sichtbares Licht, Infrarot-Strahlung und ultraviolette Strahlung. Das sichtbare Licht weist ein Wellenlängenspektrum zwischen 400 und 700 Nanometer (nm) auf. Die für den Menschen unsichtbare Infrarot- oder Wärmestrahlung zeichnet sich durch Wellenlängen größer als 700 nm aus und spielt eine Rolle bei der Thermoregulation der Leguane, da sie ihnen ermöglicht, sich aufzuwärmen. Die ultraviolette Strahlung (UV-Strahlung) wird in drei Kategorien eingeteilt, die aber fließende Übergänge aufweisen. Das langwellige UV-A (320 - 400 nm), das mittelwellige UV-B (285 - 320 nm) und das kurzwellige UV-C (200 - 285 nm). Nur UV-A- und UV-B-Strahlung findet bei Reptilien Anwendung, da UV-C-Strahlung zu aggressiv ist.

Qualität, Intensität und tägliche Dauer der Terrarienbeleuchtung haben großen Einfluß auf Wohlbefinden, Gesundheit und Fortpflanzung der Leguane. In der Natur unterliegen die drei genannten Parameter großen Schwankungen im Jahres- aber auch im Tagesverlauf. Nicht nur morgendliche und abendliche Dämmerung, sondern auch die Wetterverhältnisse führen zu sehr unterschiedlichen Lichtverhältnissen im Verlauf eines Tages. Die langfristigen Wirkungen der wesentlich konstanteren Klimabedingungen unter Terrarienbedingungen auf Wohlbefinden, Gesundheit und Fortpflanzung der Leguane sind noch unbekannt (GEHRMANN 1994a). Ich empfehle, zumindest eine morgendliche und abendliche Dämmerungsperiode zu verwirklichen, indem morgens eine schwache Lichtquelle (z.B. eine 40 Watt Glühbirne) eine halbe Stunde vor der Hauptbeleuchtung eingeschaltet wird. Diese Dämmerungsbeleuchtung läßt man abends eine halbe Stunde länger als die Hauptbeleuchtung brennen.

Im Terrarium ist es in der Regel leider um ein Vielfaches dunkler als im natürlichen Lebensraum der Leguane. Während die Tiere in der Mittagssonne einer Helligkeit von mehr als 100.000 Lux ausgesetzt sind, werden im Terrarium üblicherweise kaum 1.000 Lux erreicht (GEHRMANN 1987, 1994a).

Bei der Planung der Beleuchtungsinstallation liefern die Spektralkurvendiagramme wertvolle Informationen über die Qualität der verschiedenen Produkte (GEHRMANN 1994b).

Zur Ausleuchtung des Terrariums haben sich Halogen-Metalldampf-Lampen (HQI-Strahler), die ein ausgezeichnetes Spektrum besitzen, sehr bewährt. Die von ihnen erzeugte Helligkeit ist bei verhältnismäßig sparsamen Stromverbrauch überaus zufriedenstellend. Auch mit Leuchtstoffröhren können brauchbare Ergebnisse erzielt werden. Für ein Terrarium mit den Maßen 200x200x200 cm (LBH) werden aber mindestens zehn Röhren á 40 W benötigt, um eine befriedigende Helligkeit zu erreichen. Für die Schaffung von Wärmeinseln, die von den Leguanen zum "Sonnenbaden" aufgesucht werden, kann man entweder Halogenstrahler (z.B. Sylvania Halogen HI-Spot 120, 75 W oder Osram Halopar 30, 75 W; beide für Fassung E 27) oder Concentra Par Spots (80 bis 120 W) einsetzen.

Wichtig ist eine regelmäßige UV-Bestrahlung, wobei ich deren positiven Einfluß auf das Allgemeinbefinden sowie auf die Fortpflanzungsbereitschaft mindestens ebensoviel Bedeutung beimesse, wie ihrer antirachitischen Wirkung. Meine Leguane werden täglich 20 Minuten mit einer Osram-Ultravitalux-Leuchte (300 W) aus einem Meter Abstand bestrahlt. In Terrarien ab einem Volumen von ca. zwei Kubikmetern sollte eine Osram-Ultravitalux-Leuchte fest installiert werden, die, über eine Zeitschaltuhr gesteuert, 20 Minuten täglich brennt.

Für ein Terrarium mit den Innenmaßen 200x200x200 cm (LBH) verwen-de ich folgende Lampenkombination: 2 HQI-Strahler (HIT-DE 150 NW, 150 W), 2 Leuchtstoffröhren (40 W), 2 Halogenstrahler (100 W).

Diese Angaben dürfen nur als Richtwerte verstanden werden, da aufgrund terrarienspezifischer Bedingungen (Isolation, Raumklima, Belüftung) Abweichungen notwendig sein können (z.B. wegen zu niedriger Tagestemperatur oder Überhitzung). Unbedingt muß ein neues Terrarium zunächst mehrere Tage probelaufen, bevor die Tiere Einzug halten können. Während dieser Testphase wird an mehreren Stellen in unterschiedlicher Höhe die Temperatur gemessen und durch Variation der Lampenbestückung und der Belüftung (Öffnung der Lüftungsschlitze, Anzahl und Betriebsdauer der Ventilatoren) die Temperatur eingestellt.

7.3.5. Sprüh-, Befeuchtungs- und Beregnungsanlagen

Die relative Luftfeuchte sollte tagsüber 50 bis 80 % betragen und nachts auf 80 bis 100 % ansteigen (KÖHLER 1988b). Damit Grüne Leguane sich im Terrarium fortpflanzen, ist es notwendig, daß das Terrarienklima nicht das ganze Jahr über konstant ist, sondern vielmehr einem bestimmten Jahreszyklus unterliegt. Hierbei ist vor allem wichtig, Trocken- und Regenzeiten entsprechend nachzuahmen (vgl. Klimadiagramme S. 31 und S. 156). Während der Regenzeit (Mai bis Oktober) sollte es im Leguanterrarium täglich mehrfach kräftig "regnen", während es in den übrigen Monaten deutlich trockener sein muß (ein- bis zweimaliges Beregnen pro Woche).

Das Sprühen von Wasser im Terrarium kann mit Handsprühern oder Drucksprühgeräten manuell erfolgen, was vor allem bei kleinen und mittelgroßen Terrarien die einfachste Lösung ist.

Insbesondere bei den großvolumigen Terrarien für erwachsene Leguane ist die Installation einer Beregnungsanlage dringend anzuraten. Die im Handel erhältlichen Sprüh- und Bewässerungsanlagen für den Gärtnereibedarf eignen sich für unsere Zwecke hervorragend. Für ein Terrarium mit den Innenmaßen 200x200x200 cm (LxBxH) werden an der Terrariendecke sechs bis zehn Düsen angebracht und mit Schläuchen so verbunden, daß ein in sich geschlossenes Kreissystem entsteht. Nur so ist gewährleistet, daß aus allen Düsen die gleiche Wassermenge kommt. Wenn man die Düsen nur hintereinander in einer Kette anbringt, ohne den Kreis zu schließen, kommt es zu einem Druckabfall von Düse zu Düse, so daß aus der letzten deutlich weniger Wasser kommt als aus der, die dem Druckregler am nächsten ist. Ein Bewässerungscomputer (z.B. von der Firma Gardena) ist zwar praktisch, aber nicht unbedingt nötig.

Die Beregnungsanlage kann auch direkt an einen normalen Wasserhahn angeschlossen und manuell bedient werden. Eine Alternative ist, das Wasser des Badebeckens für die Beregnung zu nutzen, was den Vorteil hat, daß man es ein bis zwei Stunden "regnen lassen" kann, ohne daß Überschwemmungen zu befürchten sind. Man benötigt dann aber eine Pumpe, die stark genug ist, um das Wasser zwei Meter bis zur Decke hochzupumpen und durch die Düsen zu drücken.

Auch die Installation eines Ultraschall-Luftbefeuchters kann eine sinnvolle Investition sein, um die Luftfeuchtigkeit im Behälter zu erhöhen. Allerdings ersetzen diese Geräte nicht das Sprühen oder Beregnen im Terrarium, da nur Nebel produziert wird, eine Regenimitation aber unbedingt erforderlich ist. Ultraschall-Luftbefeuchter sind recht wartungsintensiv und dürfen meist nur mit destilliertem Wasser betrieben werden. Über ein Rohr, dessen Durchmesser ausreichend groß bemessen sein muß (60 - 80 mm), wird der Wasserdampf in das Terrarium geleitet. Unbedingt muß die Rohröffnung im Terrarium mit einem Gitter gegen das Eindringen der Leguane gesichert werden.

7.3.6. Einrichtung

Da der Grüne Leguan ein Baumbewohner ist, müssen unbedingt ausreichende und geeignete **Klettermöglichkeiten** geboten werden. Mehrere quer verlaufende knorrige Äste, deren Durchmesser mindestens doppelt so groß wie der Körperumfang der Leguane sein muß, sind günstiger als ein Kletterbaum. Die Oberfläche der Äste soll den Leguanen sicheren Halt ermöglichen, weshalb solche mit dicker, borkiger Rinde ideal sind. Die Reinigung des Terrariums wird sehr erleichtert, wenn die Äste nicht ganz bis zum Boden reichen, sondern etwa 20 cm darüber angebracht sind. In jedem Fall ist darauf zu achten, daß die Astkonstruktion dauerhaft stabil ist.

Sehr bewährt haben sich Korkrindenröhren, die den Leguanen Halt beim Klettern bieten und auch als Schlafplätze gern angenommen werden.

Die Wahl des **Bodengrundes** sollte sehr sorgfältig geschehen. Eine sehr einfache, leicht zu reinigende und für die Leguane ungefährliche Bodenbedeckung ist Fließ- oder Zeitungspapier und Kunstrasen. Man kann den Boden auch fliesen, so daß er bei Bedarf leicht abgewaschen werden kann. Allerdings werden die ästhetischen Bedürfnisse des Terrarienbesitzers mit diesen Bodenbedeckungen kaum be-

Abb. 88. Großraumterrarium mit den Maßen 4,50x1,50x2,50m (LxBxH). Eine solche Anlage bietet den Leguanen viel Bewegungsraum. Foto: T. Martin

Abb. 89. Robuste Pflanzen, wie *Yucca-*Palmen oder *Philodendron,* sind ideal für die Einrichtung.　　　Foto: B. Kroker

Abb. 90. Korkröhren eignen sich gut zum Klettern.　　　Foto: S. Lenhart

Abb. 91. Die Äste sollten eine knorrige Rinde haben und doppelt so dick wie der Körperumfang der Leguane sein.
　　　Foto: B. Kroker

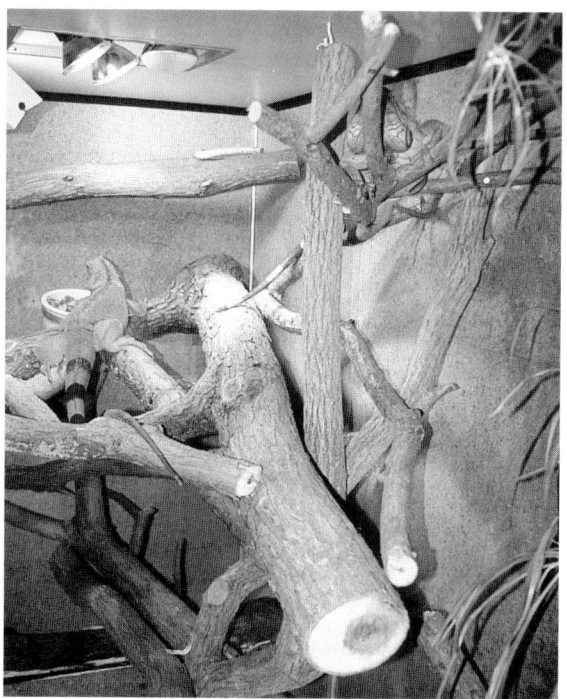

Abb. 92. Der Terrarieninnenraum sollte durch zahlreiche Äste ausgenutzt werden. So kann der Aktionsradius der Tiere wesentlich erhöht werden. **Foto: B. Kroker**

Abb. 93. Die Konstruktion aus Ästen sollte sehr stabil sein. Paarung im Terrarium.
Foto: B. Kroker

friedigt. Rindenmulch sieht wesentlich natürlicher aus und speichert gut die Feuchtigkeit. Nachteilig ist, daß man den ebenfalls dunklen Kot nur schwer entdecken kann und Rindenmulch im trockenen Zustand staubt. Hobelspäne bleiben mit ihrem ausgefransten Rändern leicht am Futter hängen und werden dann beim Fressen mit aufgenommen. Insbesondere bei Jungtieren können gefressene Hobelspäne zu lebensgefährlichen Magen- und Darmverstopfungen führen. Ich selbst konnte dies als Todesursache bei drei auf diese Weise gehaltenen Jungtieren feststellen.

Die Aufzucht der Nachzuchtleguane gelingt problemlos auf Kunstrasen, Fließ- oder Zeitungspapier. Bei der Verwendung von Kies, Sand oder Blähton besteht ebenfalls die Gefahr, daß die Leguane lebensbedrohlich große Mengen davon fressen, was insbesondere bei Tieren mit einem Mineralstoffmangel beobachtet worden ist.

Eine **Bepflanzung** ist in einem Terrarium mit erwachsenen Grünen Leguanen leider problematisch, da diese in kürzester Zeit von den Leguanen gefressen, niedergetreten oder abgebrochen wird. Bei entsprechender Raumgröße kann man versuchen, Pflanzen an Stellen zu plazieren, die für die Leguane unzugänglich sind, oder auch, die Pflanzen durch Gitter vor den Tieren zu schützen. Echte Pflanzen wirken sich sehr positiv auf das Terrarienklima aus. Sehr robuste Pflanzen, wie z.B. *Yucca*-Palmen und *Philodendron*, halten in Jungtierterrarien eine Zeitlang den Einwirkungen der Tiere Stand.

Die **Futterschale** kann man einfach auf den Boden stellen. Es gibt jedoch Leguane, die nur dann ausreichend fressen, wenn das Futter in einer gewissen Höhe (130 bis 150 cm über dem Boden) angeboten wird. In diesen Fällen sollte man in entsprechender Höhe eine stabile Vorrichtung zur Aufnahme der Schale installieren.

7.4. Das Freilandterrarium

Im Sommer kann man Grüne Leguane bei schönem Wetter tagsüber in einer Freiland-Voliere halten, was ihnen sehr gut bekommt. Es ist nicht nur die UV-Strahlung durch das ungefilterte Sonnenlicht, sondern auch die Lichtfülle überhaupt sowie die vielen Reize, die stimulierend auf die Leguane wirken. Die Tiere sind wesentlich aufmerksamer und aktiver, erkunden neugierig die (zunächst ungewohnte) Umgebung und zeigen meist eine intensivere Färbung als im Zimmerterrarium.

Eine Leguanvoliere sollte großzügig bemessen sein, wobei ich für ein adultes Paar vier bis acht Kubikmeter empfehle. Am einfachsten ist es, eine stabile Rahmenkonstruktion aus Holz mit kunstoffummanteltem Drahtgitter zu bespannen.

Abb. 94. Manche Leguane fressen besser, wenn die Futterschale erhöht angebracht wird.   Foto: P. Berbalk

Unbedingt muß darauf geachtet werden, daß

1. die Leguane nicht entweichen (z.B. sich herausgraben) können,

2. potentielle Freßfeinde und Schadtiere (Nager) nicht eindringen können und

3. mehrere Plätze vorhanden sind, die Schatten spenden und Schutz vor Regen bieten.

Um ein Entweichen der Leguane und das Eindringen unerwünschter anderer Tiere zu verhindern, kann man entweder ein solides Fundament aus Holz oder Beton schaffen, eine Holz- oder Betonpalisade fünfzig Zentimeter tief in den Boden einlassen oder die Voliere erhöht auf Füße stellen und den Boden ebenfalls mit Drahtgeflecht versehen.

Das Freilandterrarium wird mit kräftigen Ästen ausgestattet, die den Leguanen Klettermöglichkeiten bieten und als Aufenthaltsplätze geeignet sind. Eine Futterschale und ein Wasserbecken ergänzen die Einrichtung.

Normalerweise wird man seine Leguane für die Nacht ins Zimmerterrarium zurücksetzen. Nachts darf man sie nur draußen lassen, wenn die Temperaturen nicht unter 18-20 °C sinken. Werden Grüne Leguane bei 16-18 °C gehalten, sterben sie nach wenigen Wochen (MENDELSSOHN 1980). Temperaturen unter 7 °C sind schon innerhalb kurzer Zeit tödlich für sie (MENDELSSOHN 1980).

Abb. 95. Freilandvoliere aus Holz mit kunstoffummanteltem Drahtgitter.

Abb. 96. Die Lichtfülle sowie die vielen Reize wirken stimulierend, und die Leguane sind aktiver.   Fotos: B. Kroker

Die Letaltemperatur von *Iguana iguana* liegt bei 46-47 °C, aber schon bei Temperaturen von 41-42 °C beginnen sie mit geöffnetem Maul zu hecheln. Wenn möglich, halten Grüne Leguane ihre Körpertemperatur tagsüber recht konstant bei 34-37 °C. Die Vorzugstemperatur liegt bei 41 °C, wird jedoch nur kurzzeitig erreicht (HIRTH 1963, McBee & McBee 1982, McGinnes & Brown 1966, Mendelssohn 1980, Müller 1972). Halbschatten wird gegenüber praller Sonne deutlich bevorzugt.

7.5. Zimmeraufenthalt

Der Grüne Leguan ist ein Bewohner des Tieflandregenwaldes in Mittel- und Südamerika, wo Tagestemperaturen von 30-35°C bei einer relativen Luftfeuchtigkeit je nach Saison von 60-90 % erreicht werden. Nachts sinkt die Lufttemperatur auf 24-26°C, während die Luftfeuchtigkeit auf 95-100 % steigt. Diese Bedingungen sind im Terrarium ohne weiteres nachzuahmen. In einem (Wohn-)Zimmer ist dies nur begrenzt möglich, will man vermeiden, daß das Zimmer gleichzeitig zu einem idealen Lebensraum für Pilze und Bakterien wird, mit der Folge, daß insbesondere die Tapeten von einem Schimmelrasen überzogen werden. Dies würde dann nicht nur für die Leguane ein Gesundheitsrisiko darstellen. Meist wird aber den im Wohnzimmer freilaufenden

Leguanen kein tropisches Klima angeboten, sondern lediglich mit Hilfe eines Wärmestrahlers eine "Wärmeinsel" geschaffen, die es dem Leguan ermöglicht, sich immer wieder aufzuwärmen. Damit wird man den Bedürfnissen dieser Echsen aber keineswegs gerecht. Wenn die Zimmerluft eine Temperatur von weniger als 25 °C aufweist, muß der Leguan unverhältnismäßig viel Zeit unter dem Wärmestrahler verbringen, um seine Kerntemperatur auf "Betriebshöhe" zu halten. Der lange herabhängende Schwanz, der sich nicht im Strahlungskegel befindet, ist meist deutlich kühler. Dies führt zu einer verminderten Durchblutung des Schwanzes, was langfristig das Absterben und Eintrocknen des Schwanzes von der Schwanzspitze her zur Folge haben kann. Aber auch kurzfristig können kühle oder gar zugige Bereiche im Zimmer zu Gesundheitsschäden bei den

Abb. 97. Ein Aufenthalt im Zimmer sollte nur kurzzeitig und unter Aufsicht geschehen.

Echsen führen. Nicht nur der klimatische Tageszyklus entspricht im Wohnzimmer kaum den natürlichen Gegebenheiten. Insbesondere der Jahreszyklus mit Regen- und Trockenzeiten kann ohne ein geeignetes Großterrarium nicht nachvollzogen werden. Der klimatische Jahreszyklus steuert aber maßgeblich den Fortpflanzungszyklus der Leguane. Abgesehen davon, daß "Wohnzimmerleguane" nur in Ausnahmefällen zur Zucht schreiten, kann es durch das Fehlen der klimatischen Stimuli zu Follikelreifungsstörungen und Übertragen von Follikeln kommen, die unbehandelt zum Tode des betroffenen Weibchens führen.

Weiterhin ist die Unfallgefahr für freilaufende Leguane im Wohnzimmer nicht zu unterschätzen: mit ihren langen Krallen können Leguane in Steckdosen gelangen; beim Prüfen mit der Zunge können Haare aufgenommen werden, die sich um die Luftröhrenöffnung legen und diese einschnüren (ANDERSON 1976); bei Sprüngen gegen Fensterscheiben können sich die Leguane lebensgefährliche Verletzungen zuziehen.

Gegen einen gelegentlichen Ausflug im Zimmer ist nichts einzuwenden, wenn dies unter Beaufsichtigung geschieht und das Zimmer entsprechend "leguangerecht" eingerichtet ist. Ansonsten ist die Unfallgefahr unabsehbar groß. Leguane haben ein beträchtliches Kletter- und Sprungvermögen, was ihnen ermöglicht, auch vermeintlich "unerreichbare" Lampen, Regale etc. zu erreichen und die dort möglicherweise stehenden Gläser "abzuräumen". Die sehr neugierigen Tiere erkunden jeden Winkel ihrer Umgebung und prüfen dabei alles mit ihrer Zunge. Beim Belecken von Gegenständen nehmen die Echsen aber nicht nur Duftstoffe, sondern auch möglicherweise vorhandene Krankheitserreger auf.

Dieses Infektionsrisiko ist um so größer, je mehr das Leguanzimmer mit Straßenschuhen betreten wird, womöglich sogar mit Schuhen, die beim Betreten von anderen Leguanräumen, -terrarien oder gar Freilandterrarien von Schildkröten (KÖHLER 1992) verwendet werden.

Schuhsohlen können als Transportmittel für Pilzsporen, Bakterien, Viren und Parasitenstadien dienen. Um das zu vermeiden, sollten Leguanterrarien und Räume, in denen Leguanen Auslauf gewährt wird, grundsätzlich nicht mit Straßenschuhen, sondern nur mit dafür vorgesehen Hausschuhen oder mit Überziehschuhen betreten werden.

Abzulehnen ist die Dauerhaltung dieser Echsen im Wohnzimmer, da diese wegen der oben genannten Risiken und klimatischen Bedingungen zu Gesundheitsproblemen bei den Leguanen und einer deutlich herabgesetzten Lebenserwartung führt.

7.6. Ernährung

Grüne Leguane werden im Gegensatz zu fleischfressenden Echsen täglich gefüttert. Die Futterreste werden abends entfernt und die Futterschale mit warmem Wasser gereinigt.

Freilebende Grüne Leguane ernähren sich überwiegend von Blättern, was eine sehr ballaststoffreiche voluminöse Nahrung mit einem nur geringen Protein- und Fettgehalt darstellt (HENDERSON 1974, TROYER 1984a, b, RAND et al. 1990, KÖHLER 1992b). Dies gilt nicht nur für adulte Leguane, sondern auch für Jungtiere (HIRTH 1963, VAN DEVENDER 1982). Allerdings ist der Grüne Leguan ein potentieller Allesfresser, was bedeutet, daß die Tiere die unterschiedlichsten Nahrungsmittel annehmen. Im natürlichen Lebensraum, wo Grüne Leguane überwiegend mit Blättern, Blüten und Insekten als mögliche Nahrung konfrontiert werden, ist es ihnen möglich zu entscheiden, was bekömmlich ist und was nicht.

Unter Terrarienbedingungen kann man sich jedoch nicht auf den Instinkt der Leguane verlassen. Die Palette der angenommenen Nahrung reicht von Nudelsalat und Pommes frites über Katzen- und Hundefutter aus der Dose bis hin zu Sahnetorte und Pudding. Daß dies jedoch ernährungsphysiologisch nicht der natürlichen Nahrung des Leguans entspricht, liegt auf der Hand. Abgesehen von akuten Problemen wie Gärungen und Blähungen, kommt es langfristig zu lebensbedrohenden Stoffwechselerkrankungen wie Gicht, Fettleber und Arteriosklerose (vgl. Kapitel 10.4., S. 130 ff).

Leider hat die Kost, die Leguanen im Terrarium angeboten wird, in den meisten Fällen nur wenig Ähnlichkeit mit der Nahrung der freilebenden Artgenossen. Statt einer Vielfalt an Blättern und Blüten zahlreicher Pflanzenarten wird den unter Menschenobhut lebenden Tieren bestenfalls ein Gemisch aus verschiedenen Früchten und Gemüsen sowie unterschiedliche Mengen an tierischen Proteinen angeboten.

Man muß sich bei der Aufstellung des Fütterungsplanes unbedingt an den Ernährungsgewohnheiten der freilebenden, sich vegetarisch ernährenden Leguane orientieren. Blätter machen mengenmäßig den Hauptanteil in der Nahrung aus, so daß auch im Terrarium 60 bis 80 % des Futters aus Blättern oder ernährungsphysiologisch vergleichbaren Substanzen bestehen muß.

Der Früchteanteil sollte insbesondere wegen des ungünstigen Calcium-Phosphor-Verhältnisses der meisten Früchte 30 % nicht wesentlich überschreiten. Von Frühjahr bis Herbst sollte man reichlich und abwechslungsreich wildwachsende Blattgemüse wie Löwenzahn, Breit- und Spitzwegerich, Milchdistel, Vogelmiere, Klee, Gänseblümchen, Wein- und Himbeerblätter und Taubnessel anbieten (selbstverständlich mit unten genannten Vitamin- und Mineralstoffzusätzen). Eine Ergänzung des Speiseplans mit geras-

pelten Karotten und verschieden
Früchten ist sinnvoll. Vereinfacht dargestellt, erhalten meine Leguane folgende Futtermischung:

**Abb. 98. Blätter sind eine sehr ballast-
stoffreiche voluminöse Nahrung mit
nur geringem Protein- und Fettgehalt.
Foto: B. Kroker**

40-70 %	Blätter, Kräuter, Keimlinge und Sprossen
10-15 %	geraspelte Karotten
0-5 %	sonstiges Gemüse (Gurke, Paprika, Tomate, ...)
5-10 %	Früchte
3-5 %	Haferflocken
2 %	Hefeflocken
2 %	Weizenkeime
0,5-1 %	Mineralstoffpräparat (z. B. Korvimin ZVT)

Bei der Zubereitung ist auf Hygiene sehr zu achten. Die Zutaten werden
gründlich unter fließendem Wasser
gewaschen, Karotten werden vor dem
Raspeln geschabt.

Wenn vorhanden, füttert man überwiegend Blattnahrung. Zusätzlich
kann den Leguanen ein Gemisch aus
geraspelten Karotten, Haferflocken,
Hefeflocken, Weizenkeimen und Keimlingen bzw. Sprossen angeboten werden. Keimlinge und Sprossen stellen
eine wertvolle Ergänzung des Leguan-
futters vor allem in den Wintermona-
ten dar. Sie können sehr einfach und
effektiv in Keimapparaten gezogen
werden. Besonders zu empfehlen sind
Kresse, Luzerne, Mungobohnen, Lin-
sen, Sonnenblumenkerne, Erbsen, Lein-
samen und Weizen (KÖHLER 1996a).
Pflanzen mit einem ungünstigen Ca:P
Verhältnis sollte man nicht zu häufig
füttern, bzw. das Verhältnis durch

Calciumgaben verbessern. Zu diesen Pflanzen bzw. deren Früchten zählen z.B. Banane, Apfel, Honigmelone, Paprika, Pfirsich und Tomate. Ein sehr günstiges Ca:P-Verhältnis haben hingegen Alfalfa (=Luzerne), Karotte, Klee, Löwenzahn und Kresse.

Die tägliche Essensration der Leguane sollte aus vielen verschiedenen Komponenten bestehen. Darüber hinaus kann man das Nahrungsangebot saisonal variieren. Das Futter sollte nicht säuberlich sortiert auf dem Teller angeboten werden, da die Leguane

Abb. 99. Leguane benötigen eine abwechslungsreiche Kost. Foto: S. Lenhart

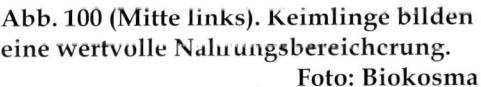

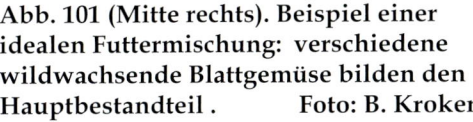

Abb. 100 (Mitte links). Keimlinge bilden eine wertvolle Nahrungsbereicherung. Foto: Biokosma

Abb. 101 (Mitte rechts). Beispiel einer idealen Futtermischung: verschiedene wildwachsende Blattgemüse bilden den Hauptbestandteil . Foto: B. Kroker

Abb. 102 (unten). In der kalten Jahreszeit kann auf eine Mischung aus Feldsalat, geraspelten Karotten und Keimlingen als Hauptbestandteil ausgewichen werden. Foto: S. Lenhart

Inhaltsstoffe einiger Lebensmittel

Lebensmittel	Eiweiß g/100g	Fett g/100g	Kohlenhydrate g/100g	Calcium mg/100g	Phosphor mg/100g	Ca:P
Gemüse:						
Aubergine	1,2	0,2	4,9	12	20	1:1,7
Brunnenkresse	0,1	0,0	0,2	9	3	3:1
Endivien	1,8	0,2	2,6	68	54	1,3:1
Feldsalat	1,8	0,4	2,4	32	50	1:1,6
Grünkohl	4,3	0,9	5,4	230	180	1,3:1
Gurke	0,6	0,2	3,1	15	23	1:1,5
Kopfsalat	1,4	0,2	2,6	38	32	1,2:1
Löwenzahn	2,6	0,6	9,2	174	70	2,5:1
Karotten	1,1	0,2	8,8	37	36	1:1
Paprika	1,2	0,3	5,1	10	26	1:2,6
Spinat	2,5	0,3	2,9	252	102	2,5:1
Tomate	1,0	0,2	2,9	13	27	1:1,2
Zuccini	1,6	0,4	3,3	30	25	1,2:1
Obst:						
Apfel	0,2	0,6	13,9	7	10	1:1,4
Aprikose	1,0	0,2	12,3	17	11	1,5:1
Banane	1,1	0,2	21,8	8	27	1:3,4
Birne	0,6	0,4	13,0	10	14	1:1,4
Brombeere	1,2	1,0	12,3	44	30	1,5:1
Erdbeere	0,8	0,5	8,3	24	25	1:1,1
Himbeere	1,3	0,4	10,3	40	44	1:1,1
Honigmelone	0,6	0,1	13,4	6	21	1:3,5
Kirschen	1,1	0,4	14,7	20	20	1:1
Kiwi	0,9	0,6	12,5	40	31	1,3:1
Papaya	0,6	0,1	3,5	23	15	1,5:1
Pfirsich	0,7	0,1	10,1	8	21	1:2,7
Pflaume	0,6	0,1	13,7	14	18	1:1,3
Weintraube	0,7	0,3	18,1	15	20	1:1,3
Tierische Kost:						
Ei	12,9	11,5		54	210	1:4
Grillen				340	859	1:2,5
Maus (adult)	19,9	8,8		840	610	1,4:1
Rinderherz	18,5	3,7		5	190	1:38

sonst nur die Leckerbissen fressen. Besser ist es, die einzelnen Komponenten gut zu vermischen, so daß die Tiere gezwungen sind, die angebotene Vielfalt auch wahrzunehmen.

Lebenswichtig ist eine Ergänzung des Speiseplans mit **Mineralstoff- und Vitaminpräparaten**. Da Knochenstoffwechselstörungen gerade beim Grünen Leguan häufig sind, gilt zur Vorbeugung, daß eher zuviel als zuwenig Mineralstoffe ins Futter gegeben werden. Außerdem sollte man immer geriebene Sepiaschale anbieten, die in der Regel gern gefressen wird. Jungtiere, die besonders anfällig für Knochenstoffwechselstörungen sind, erhalten zusätzlich zu den Mineralstoffgaben täglich Calcium-Lactat über das Futter.

In Terrarianerkreisen hat es sich mittlerweile herumgesprochen, daß eine Ergänzung der Nahrung mit Multivitamin- und Mineralstoffpräparaten zur Gesunderhaltung der Pfleglinge notwendig ist. Leider ist der Glaube, daß auch bei Vitaminen "je mehr desto besser" gelte, weit verbreitet, so daß Fälle klinisch manifester Vitamin-D-Vergiftungen immer wieder angetroffen werden.

Tabelle 3. Blattgemüse haben ein gutes Calcium-Phosphor-Verhältnis und sind zur Verfütterung an die Leguane gut geeignet. Manche Lebensmittel, wie Obst oder tierische Nahrung, haben ein ungünstiges Ca:P Verhältnis. Optimal ist ein Verhältnis von 1,0-1,5:1,0 (Ca:P) (FRYE 1981). Besonders tierische Kost darf nur in Ausnahmefällen angeboten werden.

Abb. 103. Mit einer Blüte lassen sich Vitamine gezielt verabreichen.

Ein Zuviel an Vitamin D_3 führt zu einem ständig erhöhten Blutcalciumspiegel (Hyperkalzämie) und schließlich zu Ablagerungen von Calciumsalzen in Organen. Ab welcher Dosierung es beim Grünen Leguan zur Vitamin-D-Vergiftung kommt, ist nicht sicher bekannt. Bei Leguanen, die über einen Zeitraum von vier bis sechs Monaten eine tägliche Dosis von 100 I.E. Vitamin D_3 erhalten hatten, konnten jedoch bereits Kalkablagerungen in Weichteilgeweben nachgewiesen werden (ZWART & WATERING 1969).

Die Vitamin-Präparate Multi-Mulsin und D-Mulsin (1:1 gemischt) enthalten - soweit das für Reptilien bekannt ist - die einzelnen Vitaminkomponenten in günstiger Zusammensetzung und werden von den Tieren meist anstandslos genommen. Man sollte diese Tropfen jedem Tier gezielt verabreichen, z.B. mit einer Blüte, einem Blatt oder einem Futtertier.

Abb. 104. Für Jungleguane eignen sich Orchideensteckröhrchen, die mit Futterpflanzen bestückt werden.

Als **Richtdosierung** empfehle ich entgegen älteren Angaben (KÖHLER 1993) 50-100 I.E. D$_3$/kg Körpermasse wöchentlich. In einem ml Multi-Mulsin sind nach Herstellerangaben 750 I.E Vitamin D$_3$ enthalten. Da ein ml des Präparates 26 bis 27 Tropfen entspricht, enthält ein Tropfen ca. 28 I.E. Vitamin D$_3$. Ein weiteres geeignetes, allerdings oftmals von den Echsen nicht gern angenommenes Vitaminpräparat ist Multibionta.

Biologisch aktive Stoffe wie Vitamine und Hormone werden nicht in Gewichts- oder Volumeneinheiten (z.B. mg, ml) angegeben, sondern in "Internationalen Einheiten" (I.E.).

Es hat sich bewährt, zusätzlich zu dem Futtergemisch in der Schale Löwenzahn und andere frischen Kräuter aus dem Garten in ein mit Wasser gefülltes Gefäß zu stecken, damit die Blattnahrung nicht verwelkt (SCHLAGEHAN 1996). Außerdem ist es vorteilhaft, wenn pflanzenfressende Echsen ihr Futter wie in der Natur abzupfen können und nicht nur aus der Futterschale aufnehmen. Für Jungtiere kann man Orchideensteckröhrchen (kleine Plexiglasröhrchen mit Gummiverschluß; im Blumenladen erhältlich) verwenden, die mit Wasser gefüllt und mit Futterpflanzen (Löwenzahn, Milchdistel, Oregano, Vogelmiere u.a.) bestückt werden. Damit dieses Röhrchen aufrecht im Terrarium stehen bleibt, bohrt man ein Loch mit dem Durchmesser des Röhrchens in ein Brett, einen Ast oder ein Korkstück (o.ä.) und befestigt dieses im Terrarium. Das Röhrchen mit dem "Frischfutter" steckt man einfach hinein (s. Abb. 104). Für erwachsene Leguane kann man entsprechend größere Röhrchen oder Flaschen verwenden. Das Grün bleibt ca. zwei Tage im Terrarium frisch, so daß ich die Röhrchen schon abends bestükken kann und die Tiere früh morgens frisches Futter vorfinden. Die Blätter werden mit Korvimin ZVT leicht bestäubt, um eine ausreichende Mineralstoffversorgung der Tiere zu gewährleisten.

Im Handel sind mehrere **Fertigfutter für Leguane** erhältlich, die in Konservenform oder als Pellets angeboten werden. Obwohl die Hersteller damit werben, daß es sich um vollwertige Alleinfutter für Leguane handele, stehen Langzeituntersuchungen über den langfristigen Effekt dieser Produkte auf die Gesundheit der Leguane noch aus.

Solange die wissenschaftlichen Grundlagen für die Produktion eines nachweislich langfristig gesunden, ausbalancierten und vollwertigen "Alleinfutter für Leguane" ausstehen, ist eine abwechslungsreiche Ernährung wie oben beschrieben, durch kommerzielle Fertigfutter nicht zu ersetzen. Pellets unterscheiden sich nicht nur in ihrem Wassergehalt, sondern auch in ihrer Struktur wesentlich von frischen Blättern. Als vorübergehende Notlösung oder Ergänzung können diese Fertigfutterprodukte für Leguane sinnvoll sein, nicht aber als langfristiges Hauptfutter.

7.6.1. Schädliche Inhaltsstoffe einiger Pflanzen

Einige Pflanzen enthalten schädliche Inhaltsstoffe und sollten deshalb nicht oder nur in geringen Mengen verfüttert werden.

Oxalsäure (z.B. in Rhabarber, Sauerampfer und Spinat) verbindet sich mit den Calciumionen des Blutes zu Calciumoxalat und führt so zu einer Senkung des Blutcalciumspiegels (»Calciumräuber«). Hierdurch kommt es zu einer Verlängerung der Blutgerinnungszeit und eventuell zu Kreislaufschäden. Bei massiver Calciumoxalatbildung kristallisiert dieses in den Nieren aus, was zu schweren Funktionsstörungen führen kann.

Nitrat (z.B. in Beinwell und Spinat, 0,5 bis 3 % in der Trockenmasse) wird im Tier zu Nitrit reduziert, welches das Hämoglobin der roten Blutkörperchen in Methämoglobin umwandelt. Dieses ist nicht mehr zum Sauerstofftransport fähig. In schweren Fällen verenden die Tiere unter tetanischen Krämpfen (Dauerkrämpfe vor allem im Bereich der Gliedmaßen).

Saponine (z.B. in Beinwell und Spinat) zerstören die roten Blutkörperchen (Hämolyse) und führen deshalb bei Verfütterung in größeren Mengen über einen längeren Zeitraum zu einer Anämie (Blutarmut), erkennbar an äußerst blassen Schleimhäuten.

Einige Pflanzen (z.B. Kohl) enthalten Senfölglykoside, die eventuell kropferzeugend wirken.

Buchweizen enthält eine Substanz (Fagopyrin), welche die Tiere überempfindlich gegenüber Sonnenlicht macht (photosensibilisierende Wirkung). Werden Leguane nach Aufnahme von Buchweizenkeimlingen in die Sonne gesetzt, entwickeln sie eine Bindehautentzündung mit starker Schwellung der Augenlider (vgl. Abb. 152). In dunkler Umgebung verschwinden diese Symptome ohne weitere Behandlung innerhalb von ein bis zwei Tagen.

7.7. Lebenserwartung im Terrarium

In der Literatur findet man kaum Angaben zur Lebenserwartung des Grünen Leguans. Dies liegt sicherlich auch oder vor allem daran, daß *Iguana iguana* bis vor wenigen Jahren - und leider zum Teil auch heute noch - nicht artgerecht gehalten und insbesondere falsch ernährt worden ist.

Bis in die 60er Jahre war ein in den 30er Jahren im Londoner Zoo gepflegter Grüner Leguan das am ältesten (4 Jahre und 2 Monate) gewordene und in der Literatur veröffentlichte Exemplar (FLOWER 1937). Anfang der 70er Jahre berichtet CAREY (1972) von zwei Exemplaren, die an der University of South Florida immerhin ein Alter von 12 Jahren und 5 Monaten bzw. 10 Jahren und 5 Monaten erreicht haben. Ein weiblicher Grüner Leguan hatte nachweislich über 15 Jahre in einem Zoo gelebt, bevor er bis zu seinem Tode nochmals beinahe sechs Jahre in der Universität Hohenheim gelebt hatte. Dieses Exemplar ist folglich über 21 Jahre alt geworden (BOSCH 1987). Daß dies noch lange nicht das mögliche Höchstalter von *Iguana iguana* ist, belegen die Angaben von ROGERS (1997) über einen Leguan, der fast 28 Jahre alt geworden ist.

Artgerechte Pflege vorausgesetzt, sollten 15 bis 20 Jahre alt gewordene Grüne Leguane in Zukunft eigentlich die Regel sein. Das erreichbare Höchstalter liegt sicherlich noch höher als bisher bekannt. Ich halte es durchaus für möglich, daß einzelne Exemplare von *Iguana iguana* über 30 Jahre alt werden können (KÖHLER 1991b), insbesondere, weil einige Exemplare von *Cyclura pinguis* und *Cyclura stejnegeri* über 40 Jahre alt geworden sind (CAREY 1975, WIEWANDT 1977).

8. Zucht

Die erste Veröffentlichung über einen Nachzuchterfolg bei *Iguana iguana* stammt aus dem Jahre 1962 (VAN BAGH 1962). Ein Jahr später berichtet ENDERLEIN (1963), daß er bereits 1957 in Schweden den Grünen Leguan vermehren konnte. Seit diesen Meldungen wurden immer wieder Zuchterfolge veröffentlicht (VAN APEREN 1969, HUN 1972, VAN ROON 1976, DEDEKIND 1977, BRAUNWALDER 1979, HOWARD 1980, MENDELSSOHN 1980, BANKS 1984, KAAL 1984

KÖHLER 1988b, c, KLÁTIL 1993, KÖHLER 1993, SCHARDT 1993, SCHILLING 1994, DIVERS 1995, KROKER 1995, LORENZ 1995, KROKER 1996, SCHARDT 1996, KROKER 1997, SÜß 1997).

Abb. 105. Bei der Paarung setzt das Männchen den Paarungsbiß im Nackenbereich des Weibchens.

Abb. 106. *Iguana iguana* bei der Paarung.

Auch über die Nachzucht in der zweiten Generation wurde bereits berichtet (SCHARDT 1993). Aufgrund der heutigen Kenntnisse über die Biologie und Bedürfnisse von *Iguana iguana* sowie der vielfältigen technischen Möglichkeiten sind wir bei entsprechendem Engagement sicher in der Lage, den Grünen Leguan kontinuierlich erfolgreich zu züchten.

8.1. Paarung

Die Dauer der Paarungssaison kann individuell sehr unterschiedlich sein. Manche Männchen sind nur ein paar Tage, andere volle drei Monate in Paarungsstimmung. Äußerlich erkennbare Anzeichen der Paarungsbereitschaft bei Leguanmännchen sind:

- eine besonders intensive Färbung, bei *I. i. rhinolopha* eine Orangefärbung von Kopf, Vorderbeinen und Rückenkamm,
- vergrößerte Femoralporen und verstärkte Femoralporensekretion,
- häufiges Imponieren und Kopfnikken,
- Unruhe und Bewegungsdrang,
- verminderter Appetit,
- Ausstülpen der Hemipenes.

Unter Terrarienbedingungen - wahrscheinlich abhängig vom jeweiligen klimatischen Jahresrhythmus - wurden Kopulationen zu jeder Jahreszeit beobachtet. Beim selben Züchter jedes Jahr jedoch wieder zur gleichen Zeit, so daß auch im Terrarium der einjährige Reproduktionszyklus streng eingehalten wird. Pro Saison und Paar werden in Gefangenschaft 1-4 Paarungen festgestellt. Bei meinen Leguanen konnte ich bisher im Dezember und Anfang Januar Paarungen beobachten. In Gefangenschaft erreichen Grüne Leguane die Geschlechtsreife etwas früher als in der Natur, und zwar im Alter von etwa zwei - in Ausnahmefällen sogar nur einem Jahr (KROKER 1997). Die Paarung findet in der gleichen Weise wie bei wildlebenden Artgenossen statt (siehe Kapitel 6.8.1., S. 50).

Wie ich selbst mehrfach beobachten konnte, kann es auch zwischen zwei Weibchen zu Paarungsversuchen kommen (siehe Abb. 108), allerdings nur während der Paarungssaison. Das Tier in der "Männchenrolle" setzt in üblicher Weise den Paarungsbiß in der Nackenregion, führt seinen Schwanz unter den des anderen Weibchens, so daß es zum Kloakenkontakt kommt. Das Tier in der "Weibchenrolle" wehrt sich in der Regel kaum gegen die Paarungsversuche des anderen Weibchens und hebt als Zeichen der Paarungsbereitschaft eventuell sogar die Schwanzwurzel an. Die von mir beobachteten Versuche dauerten zwischen 3 und 8 Minuten. Über die Geschlechtszugehörigkeit gab es in diesen Fällen keinen Zweifel, da alle diese Weibchen bereits (z.T. bis zu sechs) befruchtete Eigelege abgesetzt hatten.

Man muß bei der Interpretation von Verhaltensbeobachtungen sehr kritisch sein. Sogar beobachtete "Paarungen" sind kein Beweis dafür, daß man auch wirklich ein Paar besitzt (KÖHLER 1991a).

Auch bei einzeln gehaltenen Weibchen kommt es immer wieder vor, daß diese - natürlich unbefruchtete - Eigelege absetzen. Das Anbilden der Eier wird offensichtlich weniger von stattgefundenen Paarungen als vom jeweiligen Terrarienklima beeinflußt.

Während der Paarungszeit verhalten sich manche Männchen sehr aggressiv gegenüber dem Pfleger, so daß

dann eine besondere Vorsicht geboten ist (FRYE et al. 1991, HATFIELD 1997). Männliche Leguane sind dann besonders unberechenbar. Grundsätzlich sollte man beim Umgang mit erwachsenen Leguanen Vorsicht walten lassen und niemals sein Gesicht in die Reichweite der starken Kiefer bringen. Während der Paarungszeit sollte man Spiegel und andere reflektierende Gegenstände aus der Umgebung der Legua-

Abb. 107. Paarungsversuch zwischen einem Grünen Leguan und einer Segelechse (*Hydrosaurus pustulatus*).
Foto J. Gábris

Abb. 108. Paarungsversuch zwischen zwei Weibchen von *Iguana iguana*; man beachte Nackenbiß und Kloakenkontakt.

Abb. 109 (oben). Trächtiges Leguan-weibchen; deutlich sind die durch die Eier entstandenen Vorwölbungen zu erkennen.

Abb. 110 (unten). Leguanweibchen unmittelbar nach der Eiablage

res Auftreten oder gar Flucht stimulieren den Leguan nur, sein Aggressions- und Dominanzverhalten gegenüber dem Pfleger voll zu entfalten.

Eine Reduktion von Licht, Wärme oder Futter sind tierfeindliche Maßnahmen, die zu Gesundheitschäden bei den Leguanen führen. Erfahrungen über Kastrationen von Leguanen und deren Folgen auf Verhalten und Gesundheit sind noch nicht ausreichend untersucht, so daß ich zum jetzigen Zeitpunkt dringend von derartigen Eingriffen abrate.

8.2. Trächtigkeit

Die Trächtigkeitsdauer liegt je nach Bedingungen zwischen 6 und 12, in der Regel jedoch zwischen 8 und 10 Wochen. Die ersten 5 bis 6 Wochen sind durch Heißhunger des Weibchens gekennzeichnet.

Während dieser Periode sollte es soviel Futter wie es aufnimmt und zur Deckung des erhöhten Proteinbedarfs vermehrt tierische Nahrung erhalten. Auch auf genügende Vitamin- und Mineralstoffversorgung ist während der Trächtigkeit unbedingt zu achten. Etwa zwei Wochen vor der Eiablage

ne entfernen, da das Aggressionsverhalten der Männchen auch durch ihr eigenes Spiegelbild ausgelöst wird. Beim Umgang mit Leguanen gilt allgemein, aber besonders während dieser Zeit, daß man vorsichtig und behutsam, aber bei Bedarf auch energisch und entschlossen handelt, um die eigene Sicherheit zu wahren und dem Leguan zu vermitteln, daß man selbst und nicht der Leguan die dominante Persönlichkeit ist. Ängstlichkeit, unsiche-

nehmen die von mir gepflegten Weibchen keinerlei pflanzliche Kost, eine Woche davor nicht einmal mehr tierische Nahrung zu sich. Ungefähr vier bis fünf Wochen vor der Ablage macht sich ein erhöhtes Trinkbedürfnis bemerkbar, das bis nach dem Absetzen der Eier anhält und dem durch tägliches Anbieten von Trinkwasser (angereichert mit einem Teelöffel Calcium-Lactat pro 250 ml) Rechnung getragen werden muß. Gegen Ende der Trächtigkeit wird das Weibchen sehr unruhig, will aus dem Terrarium heraus und sucht nach einem geeigneten Eiablageplatz.

8.3. Eiablage

Die Schaffung geeigneter Eiablageplätze im Terrarium ist nicht nur notwendig, um zu erreichen, daß das trächtige Weibchen sein Gelege überhaupt absetzt und nicht an Legenot erkrankt, sondern auch, um sicherzustellen, daß die Eier nicht an Orten abgesetzt werden, die für sie lebensfeindlich sind. Wenn die Eier aufgrund ungeeigneter Eiablageplätze ausgekühlt, überhitzt, zu trocken oder zu naß, und dadurch geschädigt wurden, kann selbst eine optimale Inkubationstechnik keinen Schlupferfolg bringen. Auch besteht bei Mangel an geeigneten Eiablageplätzen die Gefahr, daß die Eier übertragen werden und absterben.

Die Schaffung eines geeigneten Eiablageplatzes im Terrarium bereitet

oftmals Schwierigkeiten, so daß es beim Grünen Leguan im Terrarium häufig zu psychogener Legenot kommt. Wenn man sich die Bedingungen vergegenwärtigt, unter denen die Leguanweibchen in der Natur ihre Eier able-

Abb. 111 (oben). Trächtiges Weibchen in der Eiablagekiste mit geöffnetem Deckel. Foto: J. Pichler

Abb. 112 (unten). Weibchen beim Absetzen eines befruchteten Eies.

gen, ist es nicht verwunderlich, daß eine einfache, mit Substrat gefüllte Wanne als Eiablageplatz kaum geeignet ist. Für Großleguane (*Iguana, Ctenosaura, Cyclura*) hat sich ein künstlicher Eiablageplatz bewährt, der aus einer Röhre und einer Nestkammer besteht (WERNER & MILLER 1984, KÖHLER 1993, 1997b). Als Röhre kann eine feste Papröhre und für die Nesthöhle eine Holzkiste verwendet werden.

Dabei ist zu beachten, daß der Durchmesser der Röhre und die Größe der Nestkammer so gewählt wird, daß das Weibchen gerade so hineinpaßt (s. Abb. 111). Wenn das Tier den Kopf hebt, muß es Kontakt zur "festen Dek-

ke über dem Kopf" haben. Dies scheint eine wichtige Voraussetzung für die Annahme des Eiablageplatzes zu sein. Darüber hinaus müssen unbedingt die klimatischen Bedingungen in der Höhle den Bedürfnissen von Weibchen und Eiern entsprechen. Die Temperatur sollte bei Großleguanen auf Werte zwischen 28 und 32 °C eingestellt werden (nachmessen!), da bei stärkeren Abweichungen von diesem Wert mit einem Absterben der Eier zu rechnen ist. Um eine natürliche Temperaturverteilung zu erreichen, empfiehlt es sich, den Eiablageplatz von oben zu erwärmen (z.B. mit einem Heizstrahler oder einer Wärmematte). Die erwünschte Tempe-

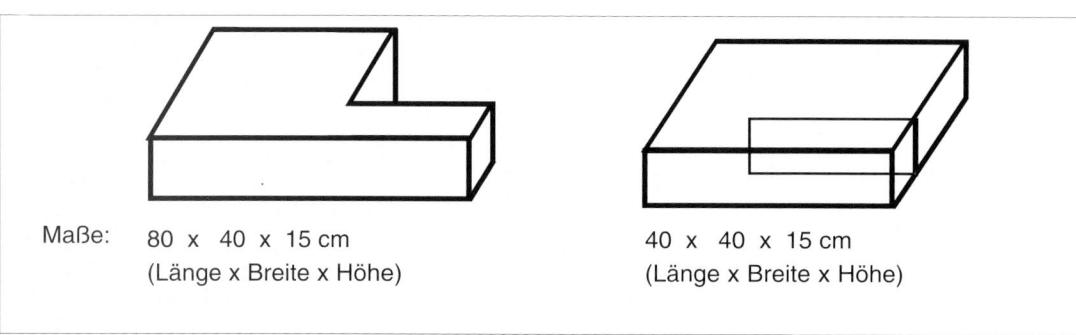

Maße: 80 x 40 x 15 cm
(Länge x Breite x Höhe)

40 x 40 x 15 cm
(Länge x Breite x Höhe)

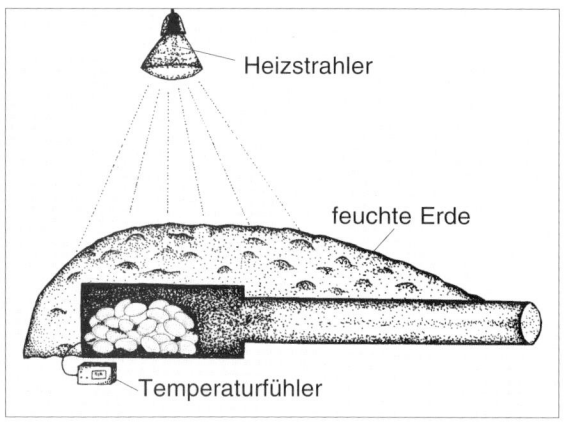

Heizstrahler

feuchte Erde

Temperaturfühler

Abb. 113 (oben). Künstlicher Eiablageplatz für Grüne Leguane; verändert nach WERNER & MILLER (1984).

Abb. 114 (links). Ein Hügel aus feuchter Erde verbessert das Klima im inneren der Eiablagekiste. Die Erwärmung des Eiablageplatzes sollte von oben geschehen.

ratur wird mit einem Dimmer oder durch Verändern des Lampenabstandes eingestellt. Die notwendige Feuchtigkeit wird erreicht, indem feuchtes Substrat in die Nesthöhle eingebracht wird. Hierbei eignet sich vor allem ein Torf-Blumenerde-Sandgemisch. Hobelspäne haben sich nicht bewährt, da diese an den frisch abgelegten, noch feuchten Eiern kleben bleiben und nur sehr schwer - oftmals mit einer Beschädigung der Eier verbunden - von der Schale gelöst werden können.

Das Leguan-Weibchen scharrt in der Regel bei den zahlreichen Probegrabungen in den Tagen vor der Eiablage das gesamte Substrat aus der Höhle. Dadurch trocknet die Nesthöhle aus und es besteht die Gefahr, daß das Weibchen sie verlassen und nach einem geeigneteren Platz suchen würde. Der Pfleger müßte nun jedesmal, wenn das Weibchen die Höhle geleert hat, wieder feuchtes Substrat nachfüllen, was aber mit massiven Störungen für das Weibchen verbunden ist. Das Klima in der (leeren) Nesthöhle kann verbessert werden, indem auf die Nestkonstruktion ein Hügel aus feuchter Erde aufgeschüttet wird (Abb. 114). Durch das Holz und die Pappe kann ständig Feuchtigkeit in die Nestkammer ziehen, so daß trotz fehlendem Substrat eine permanent hohe Feuchtigkeit und durch die puffernde Wirkung des Erdhügels stabile Temperaturbedingungen herrschen.

Hat das Weibchen die künstliche Ablagekiste erst einmal angenommen, gräbt es ausdauernd im Inneren. In unregelmäßigen Abständen unterbricht es die Grabetätigkeit, schläft oder schaut aus dem Eingang heraus. Gegenüber anderen Leguanen verhält es sich überaus aggressiv, droht mit geöffnetem Maul, faucht und versucht zu beißen (siehe Abb. 115). Die Eiablage selbst dauert in der Regel zwei bis vier Stunden.

In den Fällen, in denen das Weibchen die angebotenen Ablageplätze nicht annimmt, muß man, wenn der physiologische Ablagetermin überschritten ist, die Eiablage mit Hilfe von Oxytocin einleiten. Hierzu muß man jedoch unbedingt einen Tierarzt zu Rate ziehen. In jedem Fall muß vor Beginn einer Oxytocintherapie geklärt werden, ob das Tier auch wirklich trächtig ist (z.B. mit Hilfe einer Ultraschall- oder Röntgenaufnahme), da es eine Reihe von Erkrankungen gibt, deren Symptome denen einer fortgeschrittenen Trächtigkeit sehr ähnlich sind. Hierzu gehören z.B. multiple Ovarialzysten und Tumoren mit multiplen Metastasen in der hinteren Leibeshöhle (GROSS 1989).

Eine **Legenot** äußert sich darin, daß das Weibchen ruhiger wird, sich scheinbar wieder normal verhält und eventuell sogar zu fressen beginnt. Gerade dann wird es kritisch. Nicht abgesetzte beschalte Eier können nicht mehr resorbiert werden. Ihr Inhalt verkäst, und sie verkleben mit dem Eileiter. Nach 2 bis 4 Wochen stirbt das Weibchen schließlich an einer eitrigen

Abb. 115. Das trächtige Weibchen hat den künstlichen Eiablageplatz angenommen und verteidigt ihn gegenüber Artgenossen.

Eileiterentzündung, meist in Verbindung mit einer Peritonitis. Im günstigeren Fall kann es zu sogenanntem »Verwerfen der Eier« kommen, was sich darin äußert, daß das Weibchen nach Überschreiten des physiologischen Eiablagetermins das Gelege nicht vergräbt, sondern die Eier wahllos im Terrarium verstreut. Dabei ist zu beachten, daß diese Tiere oftmals nicht alle Eier verwerfen, sondern zwei bis drei im Eileiter verbleiben, wo sie zu obengenannten Komplikationen führen können. Um sicher zu sein, daß auch wirklich das gesamte Gelege abgesetzt worden ist, sollte man bei diesen Weibchen unbedingt eine Röntgenaufnahme anfertigen lassen.

Die Gelegegröße hängt vor allem von der Größe und Kondition des Weibchens ab und variiert zwischen 6 und 77 (meist 30 bis 40) Eiern pro Gelege (WIEWANDT 1982, KÖHLER 1988b, WERNER 1991, KROKER 1996). Der Anteil des Geleges an der Körpermasse des Weibchens vor der Ablage beträgt nach eigenen Messungen etwas mehr als ein Drittel.

Abb. 116 (rechts). Aus diesem Ei mit Schalendefekt schlüpfte ein gesundes Jungtier.

104

8.4. Inkubation

Befruchtete Eier haben direkt nach der Ablage eine deutlich sichtbare 11 x 13 bis 18 x 22 mm große Keimscheibe, wiegen 14 bis 17 g, sind 26 bis 28 mm breit und 37 bis 40 mm lang. Unbefruchtete Eier wiegen hingegen im Durchschnitt nur 8 bis 10 g und sind maximal 24 x 26 mm groß (KÖHLER 1988b, 1988c; vgl. Abb. 117). Die Eischale besteht aus einer Faserschicht, die auf der Außenseite mit einer kristallinen Kruste überzogen ist.

Der Anteil der unbefruchteten Eier ist in der Regel gering (0-10 %, in Ausnahmefällen jedoch bis 50 % [BRAUNWALDER 1979]). Das Gelege muß zur Inkubation in einen Brutschrank überführt werden. Der Inkubator, den ich seit Jahren mit Erfolg zum Ausbrüten

von Echseneiern (z.B. *Tupinambis teguixin* [KÖHLER 1989a], *Podarcis sp.*, *Gerrhosaurus validus* [KÖHLER 1990b], *Eublepharis macularius, Ctenosaura bakeri* [KÖHLER 1998], *Iguana iguana*) verwende, entspricht dem von BROER & HORN (1985) beschriebenen Motorbrüter. Eine ausführliche Beschreibung zum Bau eines solchen Brutschrankes befindet sich in dem Buch „Inkubation von Reptilieneiern" (KÖHLER 1997).

Abb. 117 (oben). Befruchtetes (rechts) und unbefruchtetes Ei (links).

Abb. 118 (unten rechts). Gelege in der Brutschale.

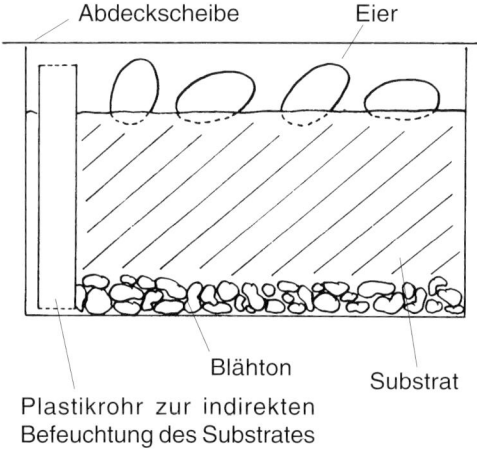

Abdeckscheibe   Eier

Blähton   Substrat

Plastikrohr zur indirekten
Befeuchtung des Substrates

Abb. 119. Brutschale zur Aufnahme von Leguaneiern.

Abb. 120 (unten). Zeitigung der Eier auf Schaumstoff.   **Foto: M. Schardt**

Zur Aufnahme der Eier dienen durchsichtige Glasschalen, auf deren Boden zunächst eine Schicht Blähton und dann das Inkubationssubstrat kommt. Ein Plastikrohr, das bis zum Boden reicht, wird zur indirekten Befeuchtung des Substrates benötigt (siehe Abb. 119). Als Substrat zur Zeitigung von Leguaneiern haben sich insbesondere ein Torf-Sand-Gemisch (3:1), Vermiculite und Perlite bewährt

(MILLER 1987, KÖHLER 1988b, PHILLIPS et al. 1990). Jedoch wurden auch mit Schaumstoff, reinem Torf, Sand und *Sphagnum*-Moos Leguaneier erfolgreich gezeitigt (VAN BAGH 1962, VAN APEREN 1969, HUN 1972, DEDEKIND 1977, BRAUNWALDER 1979).

Die Eier sollten nur zu ½ bis ¾ in das leicht feuchte Substrat eingegraben und während der Inkubation nicht gedreht werden. Man kann die Oberseite der Eier mit einem weichen Bleistift markieren. Leguaneier sind offensichtlich gegenüber starken Temperaturschwankungen sehr empfindlich (LICHT & MORBERLY 1965). Die **Bruttemperatur** sollte deshalb konstant auf einen Wert zwischen 28 und 30 °C eingestellt sein. Da wahrscheinlich auch bei *Iguana iguana* das Geschlecht von der Inkubationstemperatur bestimmt wird und durch hohe Temperaturen das Geschlechterverhältnis zugunsten der Männchen verschoben wird, sollte die Inkubationstemperatur nicht höher als 30 °C sein. Bei Werten unter 27 °C verlangsamt sich die Entwicklung sehr, was zu einer übermäßig langen Inkubationsdauer von 118 bis 139 Tagen und einer Zunahme der Brutverluste führt (KROKER 1996). Auch wurde beobachtet, daß diese bei niedrigeren Temperaturen bebrüteten Jungtiere wesentlich länger (24 - 48 Stunden) zum Schlüpfen benötigten als Jungtiere bei 28 - 30 °C (10 - 14 Stunden). Manche der bei 26 °C inkubierten Tiere waren zu schwach, um die Eihülle zu durchstoßen und starben während des Schlupfvorgangs oder waren zu erschöpft, um den Dottersack vollständig aufzunehmen (KROKER 1996).

Eine zu große **Substratfeuchtigkeit** (feuchter als -100 kPa) führt schnell zum Absterben der Eier, so daß ich empfehle, das Substrat eher trockener ("krümelig-feucht": -200 bis -500 kPa, KÖHLER 1997a) zu halten. Eier, die aufgrund von zu geringer Feuchtigkeit Einbuchtungen aufweisen, werden vollständig in leicht feuchtes Substrat eingegraben. In der Regel "erholen" sie sich durch Wasseraufnahme innerhalb von zwei bis drei Tagen und werden wieder prall-elastisch. Auf die Inkubationsdauer hat die Substratfeuchtigkeit zumindest bei den Eiern des Grünen Leguans keinen nennenswerten Einfluß, wohl aber auf die Größe der Schlüpflinge und deren Dottervorrat (PACKARD et al. 1992).

MARKEN LICHTENBELT & ALBERS (1993) konnten einen Zusammenhang zwischen Eimasse und Jungtiermasse nachweisen (vgl. Abb. 122). Demzufolge schlüpfen aus größeren Eiern schwerere Jungtiere.

Untersuchungen von WERNER (1988) haben ergeben, daß bei mittlerer Substratfeuchtigkeit (-351 kPa) schwerere und größere Jungleguane schlüpfen als bei trockeneren (-1222 kPa) oder

feuchteren (144 kPa) Bedingungen. Hingegen fanden PHILLIPS et al. (1990) heraus, daß bei niedrigeren Temperaturen und feuchterem Substrat (-150 kPa) kräftigere Jungtiere mit allerdings

Abb. 121 (oben). Zeitigung der Eier bei unterschiedlicher Substratfeuchte. Das linke Ei wurde im feuchteren Subtrat durch Wasseraufnahme größer.
Foto: J. Pichler

Abb. 122 (unten). Zusammenhang zwischen Eimasse und Jungtiermasse.

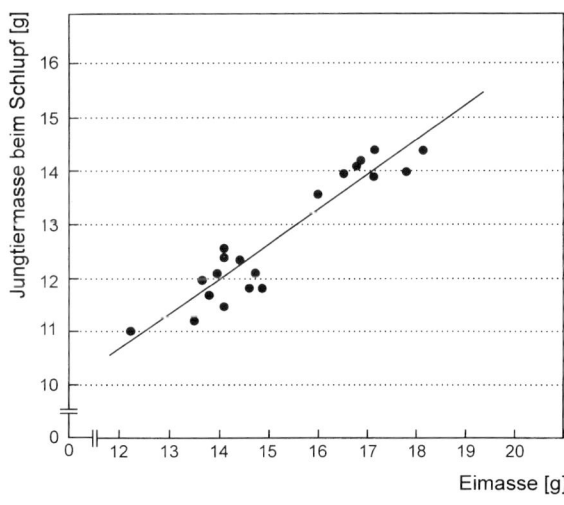

Abb. 123. Erfolgreiche Zeitigung auf Vermiculite. Foto: J. Pichler

Abb. 124. Nur bei guter Kondition schafft der Jungleguan den anstrengenden Schlupfakt.

geringerem Dottervorrat schlüpfen als bei höheren Temperaturen und geringerer Feuchte. Offensichtlich verbleiben die schlupfreifen Jungtiere bei größerer Substratfeuchtigkeit länger im Ei als bei trockenerem Substrat, wodurch sie mehr Dotter verbrauchen und noch an Größe zunehmen. Die Verstoffwechslung von Dotter ist bei Wassermangel im Ei stark herabgesetzt (KÖHLER 1997a).

Die größten Brutverluste hat man meist in den ersten vier Wochen der Inkubation. Bei befruchteten Eiern guter Qualität und guten Inkubationsbedingungen liegt die Schlupfrate bei Gelegen von *Iguana iguana* bei über 80 Prozent. Die nachfolgend beschriebenen Probleme treten vor allem dann

auf, wenn die Qualität der Eier nicht optimal ist. Wenn aufgrund von Mangelerscheinungen des Muttertieres Nährstoffe, Vitamine oder Mineralstoffe im Ei fehlen, oder wenn die Eier aufgrund ungeeigneter Eiablageplätze ausgekühlt, überhitzt, zu trocken oder zu naß und dadurch geschädigt worden sind, kann selbst eine optimale Inkubationstechnik keinen Schlupferfolg bringen.

Die **Kondition des Muttertieres** hat großen Einfluß auf die Qualität und die inhaltliche Ausstattung der Eier. Bei einem bestehenden Protein-, Vitamin- oder Mineralstoffmangel des Muttertieres werden diese Substanzen auch in den Eiern nicht in ausreichender Menge vorhanden sein. Der Embryo wird sich dann so weit entwickeln, bis ein lebenswichtiger Nährstoff im Ei aufgebraucht ist. Dies kann früh in der Embryonalentwicklung sein, aber möglicherweise auch erst gegen Ende der Inkubationsperiode. In manchen Fällen entwickelt sich das Jungtier bis zur Schlupfreife, ist dann aber aufgrund einer Mangelerscheinung zu schwach, um den anstrengenden Schlupfakt zu schaffen. Rettet man solche lebensschwachen Jungtieren vor dem Erstikken im Ei durch manuelle Schlupfhilfe, sterben sie meist trotz intensiver Pflegemaßnahmen in den ersten Lebenswochen.

Abgestorbene Eier verfärben sich grün-gelblich, weisen eine schmierige Oberfläche, Schimmelpilzbefall und/oder einen unangenehmen Geruch auf. Der Dotter gerinnt und verfestigt sich dadurch, was beim Befühlen der weichschaligen Eiern festzustellen ist. Abgestorbene Eier sind auch oftmals daran zu erkennen, daß das Inkubationssubstrat an der dann meist feuchtschmierigen Schale haftet, was bei gesunden Eiern mit trockener Schale nicht der Fall ist. Allerdings können auch Eier, die sich normal entwickeln, unansehnlich wirken, eine bräunlich-schmutzige Schale aufweisen und Einbuchtungen aufweisen. Solange von den Eiern kein unangenehmer Geruch ausgeht, sollten sie weiter bebrütet werden.

Bei **Schimmelpilzbefall** ("Verpilzen") der Eier ist der Schimmelrasen entweder auf eine kleine Stelle be-

schränkt oder er überzieht die gesamte Eischale. In der Regel betreffen Pilzinfektionen nur geschädigte bzw. abgestorbene Eier, so daß eine Behandlung meist erfolglos ist. Eier, deren Schale vollständig von einem Schimmelpilzrasen überzogen sind, müssen aussortiert werden, da bei diesen die Embryonen ohnehin längst abgestorben sind und ein Übergreifen der Pilzinfektion auf gesunde Eier zu befürchten ist.

Es kann jedoch vorkommen, daß eine Pilzinfektion auf gesunde Eier übergreift und bei diesen zunächst auf eine kleine Stelle beschränkt ist. In diesen Fällen empfiehlt sich, antimykotische Salben oder Pulver (z.B. Canesten, Exoderil, Mycophag, Miconazol) mit Hilfe eines Wattestäbchens dünn auf die betroffenen

Abb. 125. Aus unansehnlichen Eiern mit bräunlich-schmutziger Schale und Einbuchtungen können gesunde Jungtiere schlüpfen.   Foto: B. Kroker

Stellen aufzutragen (KÖHLER 1990, RUTSCHKE 1994, FUHRI 1996). Wenn der Embryo noch lebt und durch den Pilz oder dessen Toxine noch nicht geschädigt worden ist, besteht die Chance, daß das Jungtier normal schlüpft (KÖHLER 1997).

Im Laufe der Inkubation werden die Eier durch Wasseraufnahme schwerer und größer. Kurz vor dem Schlupf jedoch verlieren sie an Gewicht und weisen Einbuchtungen auf. Interessanterweise werden diese Eier augenblicklich wieder prall, wenn man sie vorsichtig in die Hand nimmt. Sobald das betroffene Ei in das Substrat zurückgelegt worden ist, "entspannt" es sich wieder und weist erneut Einbuchtungen auf. Der Mechanismus hierfür ist allerdings unbekannt, eventuell spielen mechanische Reize sowie der plötzliche Temperaturunterschied, dem das Ei ausgesetzt ist, eine Rolle. Die Eischale wird gegen Ende der Inkubationsperiode dünn und pergamentartig.

In den Eiern abgestorbene vollentwickelte, also schlupfreife Jungtiere sind meist auf eine mangelhafte Vitamin- und Mineralstoffversorgung des Muttertieres zurückzuführen. Jedoch kann auch eine zu hohe Substratfeuchtigkeit gegen Ende der Inkubationsperiode durch zu hohen Druck im Eiinnern zum Absterben des Fetus führen. Inwieweit zu dicke Eischalen ein Schlupfhindernis darstellen können, ist bislang nur unbefriedigend untersucht worden. Die Schalen von Eiern, die sich über den physiologischen Ablagezeitpunkt hinaus im Eileiter befinden, erhalten zusätzliche Mineralstoffeinlagerungen und können bei Tieren mit chronischer Legenot massive Kalkverkrustungen aufweisen. Auch Mißbildungen der Jungtiere, welche in manchen Fällen nicht einmal sehr auffällig sein müssen (z.B. die fehlende Anlage des Eizahnes) kommen als Ursache für das Unvermögen zu schlüpfen in Frage.

Wenn der errechnete Schlupftermin überschritten ist, neigt man dazu, die verbliebenen Eier manuell zu öffnen und somit »Schlupfhilfe« zu leisten. Abgesehen davon, daß die Eier in der Regel zu früh geöffnet werden, das betroffene Jungtier dadurch noch nicht lebensfähig ist und schließlich stirbt, besteht durch Eingriffe dieser Art langfristig die Gefahr, daß Terrarienpopulationen einer Tierart herangezüchtet werden, deren Jungtiere nicht mehr in der Lage sind, ohne "Schlupfhilfe" das Ei zu verlassen. Schließlich kann man im Einzelfall das Vorhandensein von genetisch fixierten Ursachen für die Schlupfunfähigkeit nicht ausschließen.

Hinzu kommt, daß manchmal Jungtiere selbstständig schlüpfen, die sich als nicht lebensfähig erweisen, kümmern und schließlich sterben. Da stellt sich dem ernsthaften Reptilienzüchter die Frage, ob er unter diesem Aspekt diejenigen Jungtiere, die nicht einmal in der Lage sind, ihre Eischale ohne menschliche Hilfe zu verlassen, künstlich am Leben erhalten soll.

Um dem Absterben schlupfreifer Jungtiere im Ei vorzubeugen, sollte man unbedingt auf eine optimale Ernährung der Elterntiere (insbesondere die ausreichende Versorgung mit Vitaminen und Mineralstoffen), auf geeignete Eiablageplätze (Legenotprophylaxe) und auf nicht zu hohe Substratfeuchtigkeit während der Inkubation achten.

8.5. Schlupf

Die Zeitigungsdauer ist vor allem abhängig von der Bruttemperatur (VAN ROON 1976, MENDELSSOHN 1980, KÖHLER 1988c, PHILLIPS et al. 1990; siehe Abb. 126), wird aber auch vom Stadium der embryonalen Entwicklung zum Zeitpunkt der Eiablage beeinflußt. Bei 29 - 30 °C schlüpfen Grüne Leguane in der Regel 70 bis 90 Tage nach der Eiablage. Kurz vor dem Schlupf kann man manchmal einen süßlichen Geruch im Brutschrank wahrnehmen (MILLER 1987).

Das Jungtier schlitzt das Ei an einer Stelle mit seinem Eizahn, der sich auf der Schnauzenspitze befindet, von innen auf. Nachdem es seine Schnauze oder sogar den ganzen Kopf ins Freie gebracht hat, verharrt der kleine Leguan noch mehrere Stunden im Ei, um den verbliebenen Dotter in die Leibeshöhle aufzunehmen und von der embryonalen Atmung (Gasaustausch über Chorio-Allantois-Membran) auf die

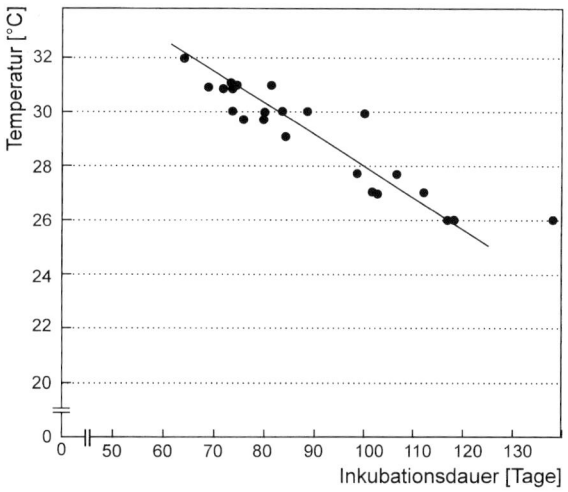

Abb. 126. Abhängigkeit der Zeitigungsdauer von der Inkubationstemperatur. Daten nach: LICHT & MORBERLY 1965, ROON 1976, HOWARD 1980, MENDELSSOHN 1980, HOWARD 1980, HARRIS 1982, KAAL 1984, KÖHLER 1988C, KLÁTIL 1993, SCHARDT 1993, LORENZ 1995, KROKER 1996, SÜSS 1997.

Abb. 127. Der Jungleguan hat das Ei mit seinem Eizahn von innen angeritzt.

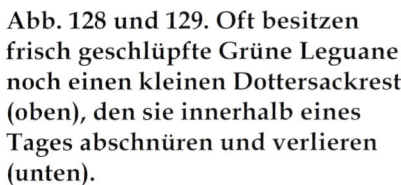

Abb. 128 und 129. Oft besitzen frisch geschlüpfte Grüne Leguane noch einen kleinen Dottersackrest (oben), den sie innerhalb eines Tages abschnüren und verlieren (unten).

Abb. 130 (oben). Wenige Tage altes Jungtier bei der ersten Häutung.

Abb. 131 (unten). In den ersten Tagen wird den Jungtieren Trinkwasser mit einer Pipette angeboten. Foto: B. Kroker

Lungenatmung überzugehen. Nachdem das Jungtier die schützende Eihülle verlassen hat, ist es gleich äußerst schreckhaft und flink, so daß das Herausfangen aus dem Brutschrank oft gar nicht so einfach ist.

Insbesondere wenn Jungtiere beim Schlupf durch Hantieren im Brutschrank (z.B. beim Herausfangen eines bereits geschlüpften Leguans) gestört werden, kommt es vor, daß sie ihr Ei verlassen, bevor sie den Dottersack vollständig resorbiert haben. Tiere mit einem Dottersackanhängsel (s. Abb. 128) kommen für etwa einen Tag in einer Schüssel, die mit feuchtem Fließpapier ausgelegt und mit Gaze verschlossen ist, in den Brutschrank zurück. Erst wenn der kleine Leguan den Dottersackrest abgeschnürt und verloren hat, kann er ins Aufzuchtterrarium gesetzt werden. Die frisch geschlüpften Jungtiere wiegen 8 bis 16 g (im Durchschnitt 10 g), weisen eine KRL von 55 bis 70 mm (im Durchschnitt 62 mm) und eine Gesamtlänge von 180 bis 260 mm (im Durchschnitt 230 mm) auf.

Der Anteil an mißgebildeten Nachzuchttieren ist bei optimalen Inkubationsbedingungen gering (0-5 %). Sind die Embryonen jedoch stärkeren Temperaturschwankungen ausgesetzt, können bis zu 100 % der Tiere Mißbildungen aufweisen (BRAUNWALDER 1979). Häufige Mißbildungen sind Wirbelsäulen- und Schwanzverkrümmungen, unvollständige Ausbildung der Extremitäten und Augenschäden (Mikrophthalmie, Exophthalmus) (APEREN 1969, BRAUNWALDER 1979, MILLER 1987). Über eine Zwillingsgeburt bei *Iguana iguana* berichten BRAUNWALDER (1979) und SCHARDT (schriftl. Mitt. 1997).

8.6. Aufzucht der Jungtiere

Direkt nach dem Schlupf häuten sich die Grünen Leguane erstmals (Abb. 130 und 134). Während der ersten Woche zehren sie von ihrem Dottervorrat, der beim frisch geschlüpften Leguan durchschnittlich 13,6 % der Körpermasse ausmacht. Innerhalb dieser Zeit verbrauchen sie etwa 70 % des Dotters. Eine kleine Menge ist jedoch auch noch fünf Wochen nach dem Schlupf nachweisbar.

Im Alter von 6 bis 9 Tagen nehmen die Nachzuchtleguane ihre erste Nahrung zu sich. Bei meinen Tieren waren das zarte Löwenzahnblätter, geriebene Karotten und Wachsmottenlarven. Solange die Tiere noch nicht regelmäßig fressen, muß ihnen mehrmals täglich Trinkwasser (angereichert mit einer Messerspitze Calcium-Lactat pro 250 ml) mittels Spritzflasche oder Pipette angeboten werden. Äußerst vorsichtig sollte man mit dem Verfüttern von sehr reifem Obst (z.B. Bananen, Birnen, Pflaumen) sein, da dieses bei Jungtieren zu lebensgefährlichen feinschäumigen Gärungen führen kann.

In den ersten Tagen nach dem Schlupf sind Grüne Leguane äußerst schreckhaft. Dies legt sich jedoch bald,

Abb. 132. Im Alter von 6 bis 9 Tagen nehmen die Nachzuchtleguane ihre erste Nahrung zu sich. Foto: B. Kroker

Abb. 133. Den kleinen Leguanen sollte ungedüngte Gartenerde angeboten werden. Foto: J. Pichler

Abb. 134 (links). Während des ersten Lebensjahres befinden sich die Leguane fast ständig in Häutung. Foto: J. Pichler

wenn man ruhig und geduldig mit ihnen umgeht.

Das Fressen von Kot kann man bei den Nachzuchttieren recht häufig beobachten. Diese Koprophagie dient dem Aufbau der autochthonen Darmflora (vgl. auch Kap. 6.7., S. 47). Das Verfüttern von Kot erwachsener Leguane ist bedenklich, da die Gefahr besteht, daß mit einer derartigen Kost nicht nur die notwendigen Darmbakterien, sondern auch Parasiten und andere Krankheitserreger übertragen werden. Da das Immunsystem der jungen Leguane noch nicht so effektiv wie das der erwachsenen Tiere arbeitet, können gewisse Parasiten (z.B. Flagellaten), mit denen die erwachsenen Leguane meist ohne Schwierigkeiten leben, in kurzer Zeit zu ernsthaften Erkrankungen und Todesfällen bei Jungtieren führen. Aus diesem Grund empfehle ich, statt Kot den Nachzuchttieren ungedüngte Gar-

tenerde als Quelle für Darmmikroben anzubieten.

Bei genügender und regelmäßiger Vitamin- und Mineralstoffversorgung wachsen die Jungtiere rasch heran und erreichen nach einem Jahr ein Gewicht von durchschnittlich 150 bis 165 g (max. 360 g) bei einer KRL von 140 bis 160 mm (max. 225 mm) und einer Gesamtlänge von 50 bis 70 cm (max. 83 cm).

Die KRL nimmt monatlich um durchschnittlich 8 mm, die Gesamtlänge um durchschnittlich 29 mm zu. Eine Verdoppelung bzw. Verdreifachung der KRL und der Gesamtlänge ist nach 6,5 bzw. 14,5 bis 15,5 Monaten, die des Gewichtes nach 2 bzw. 3,5 Monaten erreicht. Das 10- bzw. 20fache Schlupfgewicht wird nach durchschnittlich 8,5 bzw. 13,5 Monaten erreicht (KÖHLER 1990a).

Abb. 135 (oben). Nachzuchttiere im Terrarium. Foto: J. Pichler

Abb. 136 (unten). In den ersten Tagen sind die Jungleguane noch schreckhaft.

115

Streßfaktoren wirken sich nachteilig auf die Wachstumsgeschwindigkeit aus. So konnten ALBERTS et al. (1994) zeigen, daß der bloße Sichtkontakt mit einem erwachsenen Männchen genügte, um das Wachstum von Jungtieren deutlich zu bremsen. Dieser negative Effekt auf die Wachstumsgeschwindigkeit der juvenilen Grünen Leguane wurde noch verstärkt durch Geruchskontakt (Pheromone) mit einem erwachsenen Männchen. Der chronische Streß spiegelte sich auch in niedrigeren Testosteronspiegeln bei den Jungtieren wider (ALBERTS et al. 1994). Weitere mögliche Streßfaktoren sind eine zu hohe Besatzdichte und ungünstige klimatische Bedingungen (zu kalt, zu warm, zu trocken).

Auch falsche Ernährung (Mangelerscheinungen) und Probleme mit Krankheitserregern (z.B. Parasitenbefall) können die Ursache dafür sein, daß die Jungtiere nicht normal wachsen.

Jungtiere, die einen Teil des Schwanzes verlieren, bleiben im Wachstum zunächst deutlich hinter ihren gleichaltrigen Artgenossen zurück (RAND & BOCK 1992).

Während des ersten Lebensjahres befinden sich die Leguane praktisch ständig in Häutung. Haben sie den Schwanz vollständig gehäutet, beginnt die Haut meist schon wieder am Kopf aufzuplatzen. Adulte Exemplare häuten sich hingegen nur noch ein- bis zweimal jährlich.

9. Der Karibische Grüne Leguan (*Iguana delicatissima*)

Obwohl der Karibische Grüne Leguan (*I. delicatissima*) auf den ersten Blick dem in den vorangegangenen Kapiteln besprochenen *I. iguana* ähnelt, handelt es sich um eine andere Art, die sich durch mehrere Merkmale deutlich unterscheidet. Die Kenntnisse über Verbreitung, Lebensweise und Fortpflanzung von *I. delicatissima* sind sehr spärlich und sollen im folgenden zusammengefaßt werden.

9.1. Beschreibung

Iguana delicatissima erreicht eine Kopf-Rumpflänge von 346 mm, bleibt also deutlich kleiner als *Iguana iguana* (LAZELL 1973). Während die erwachsenen Karibischen Grünen Leguane meist zeichnungslos dunkelgrün, graubraun bis nahezu schwarz gefärbt sind, zeigen die Jungtiere eine leuchtend grüne Grundfärbung. Eine dunkle Quer-

Abb. 137. Portrait eines männlichen *Iguana delicatissima* von St. Eustatius (Kleine Antillen). Foto: L. Wijffels

bänderung des Schwanzes fehlt bei dieser Art. Hingegen zeigen die Jungtiere eine doppelte Reihe heller Längsstreifen seitlich am Schwanz (LAZELL 1973, SCHARDT schriftl. Mitt. 1997).

Arttypisch für *I. delicatissima* sind je eine Reihe deutlich vergrößerter Schuppen auf beiden Seiten entlang der Unterkiefer sowie das Fehlen einer vergrößerten Schuppe unterhalb des Trommelfells. Zudem weist *I. delicatissima* im Gegensatz zu *I. iguana* keine vergrößer-

Abb. 138. Jungtier von *I. delicatissima* aus der bisher einzigartigen Nachzucht im Jersey Wildlife Preservation Trust im Jahre 1997.   Foto: R.C. Gibson

Abb. 139 (unten links). Männlicher *Iguana delicatissima* von St. Eustatius (kleine Antillen).   Foto: L. Wijffels

Abb. 140 (unten rechts). Männliches Tier im Terrarium.   Foto: M. Schardt

ten, tuberkelartigen Schuppen im Nackenbereich auf. Der Rückenkamm besteht aus 53 bis 62 Stacheln und setzt sich auf dem Schwanz fort. Auf der Unterseite der Oberschenkel befinden sich 16-25 Femoralporen (LAZELL 1973).

9.2. Verbreitung und Freilandbiologie

In seiner Verbreitung ist der Karibische Grüne Leguan auf einige Inseln der Kleinen Antillen (Anguilla, St. Martin, Ile Fourchue, Les Iles Frégates, Ile Chevreau, St. Barthélemy, St. Eustatius, Nevis, Antigua, Guadeloupe, La Désirade, Les Iles de Saintes, Dominica, Martinique; vgl. Abb. 142) beschränkt

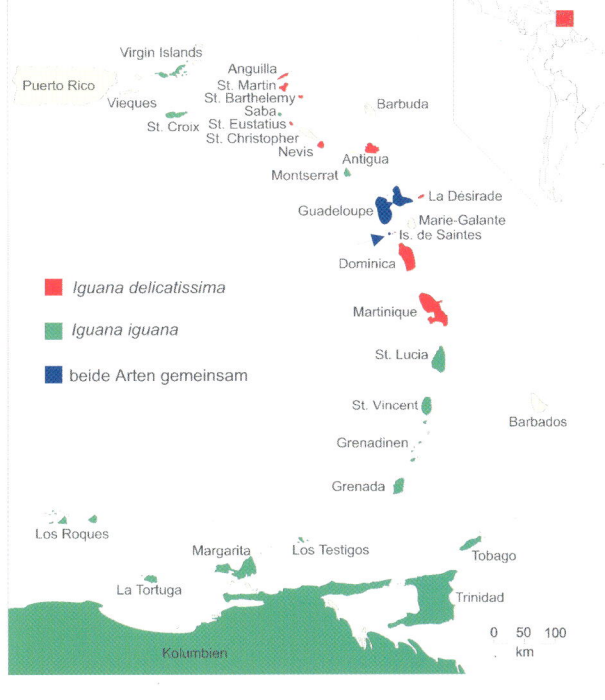

■ Iguana delicatissima

■ Iguana iguana

■ beide Arten gemeinsam

Abb. 141. Weiblicher *I. delicatissima* **im Terrarium.** Foto: M. Schardt

Abb. 142. (oben). Verbreitung des Karibischen Grünen Leguans.

Abb. 143 (unten). Lebensraum auf La Désirade. Foto: M. Schardt

Klima
(Martinique, Kleine Antillen)

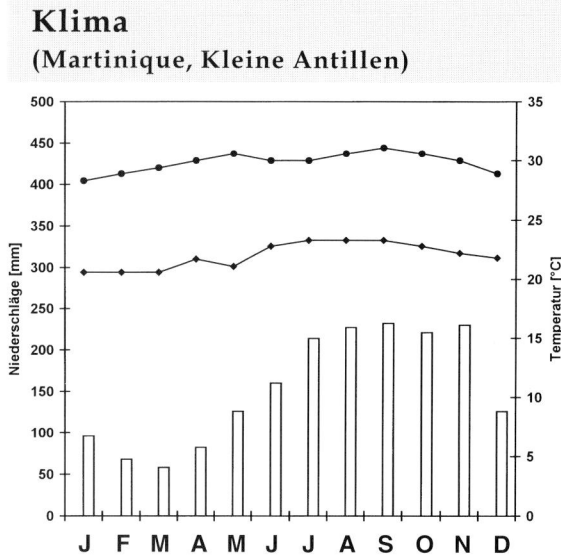

Abb. 144. Mittlere monatliche Niederschläge (Balken) sowie mittlere Tages- (obere Kurve) und Nachttemperaturen (untere Kurve) auf Martinique, Kleine Antillen (nach MÜLLER 1996).

Abb. 145. *Iguana delicatissima* von St. Eustatius.   Foto: L. Wijffels

(LAZELL 1973, WIJFFELS 1976, SCHWARTZ & HENDERSON 1985), wobei nur für die Inseln Anguilla, Les Iles de Saintes, St. Martin, La Désirade, St. Barthélemy und St. Eustatius jüngere Angaben zum Status der Populationen vorliegen (DAY & THORPE 1992, WIJFFELS 1997, SCHARDT schriftl. Mitt. 1997).

Während auf den Inseln La Désirade, St. Barthélemy und St. Eustatius in den neunziger Jahren *I. delicatissima* beobachtet wurden, ist die Art auf Anguilla, Les Iles de Saintes und St. Martin zumindest sehr selten, wenn nicht gar ausgestorben (FUHRI 1997, SCHARDT schriftl. Mitt. 1997).

Je nach Insel leben die Karibischen Grünen Leguane in Feuchtwäldern (Martinique und Dominica), Trockenwäldern bis hin zu Kakteen-Felsen-Landschaften (z.B. La Désirade).

Die folgenden Angaben beziehen sich auf Freilandbeobachtungen im Oktober 1996 auf La Désirade (SCHARDT schriftl. Mitt. 1997). Dort bewohnt der Karibische Grüne Leguan felsige Trockenwälder und Savannen. Der felsige Boden ist überwiegend mit Gräsern und kleinen Kakteen bedeckt, während die übrige Vegetation von Kakteen, dornigen Büschen, Strandtrauben-, Oliven- und Zimtbäumen geprägt wird. Die Leguane wurden auf Bäumen und großen, teilweise beschatteten Felsen beobachtet, wobei eine gewisse Ortstreue festgestellt wurde. Die Körpertemperatur lag bei den aktiven Tieren zwischen 36,5 und 38,8 °C. Bei Annäherung kletterten die Leguane entweder höher oder verließen den Baum mit einem Sprung, um am Boden auf den Hinterbeinen davonzurennen, meist auf dem kürzesten Weg in dichtes Buschwerk.

Auch der Karibische Grüne Leguan ist ein ausgesprochener Baumbewohner, der sich überwiegend von Blättern ernährt. Nach den Angaben von LAZELL (1973) fressen freilebende *I. delicatissima* neben vegetarischer Kost ausnahmsweise auch Vogeleier und Aas.

9.3. Pflege und Zucht

Unsere Kenntnisse über die Fortpflanzung von *I. delicatissima* sind sehr dürftig. Die Eiablagezeit fällt in die Monate August bis Oktober, während die Jungtiere nach Aussagen Einheimischer in den Monaten Dezember bis Februar schlüpfen (LAZELL 1973). Das größte bisher bekannte Gelege von *I. delicatissima* enthielt 22 Eier und befand sich in einer Tiefe von etwa zehn Zentimetern unter der Erdoberfläche.

Für die Pflege und Zucht von *I. delicatissima* gelten die gleichen Grundsätze wie für den Grünen Leguan. Die bisherigen Erfahrungen bei der Pflege von *I. delicatissima* sprechen dafür, daß diese Art von sensiblerem Gemüt ist als *I. iguana* (BRICE 1995, BENDON 1997). Dies macht sich vor allem in der Eingewöhnungsphase durch Futterverweigerung und große Scheuheit bemerkbar.

Die Gelegegröße bei *I. delicatissima* ist mit 10 bis 15 Eiern deutlich kleiner als bei *I. iguana*. Im Jersey Wildlife Preservation Trust wird seit 1992 ein Paar dieser Art gepflegt, das von der karibischen Insel Dominica stammt. 1994 setzte das Weibchen ein Gelege mit 14 Eiern ab, dessen Zeitigung aber mißlang (BRICE 1995).

Ein erster Nachzuchterfolg gelang 1997, als aus einem Gelege "of about ten eggs" (BENDON 1997) ein Jungtier dieser bedrohten Leguanart schlüpfte. Die Inkubationsdauer hatte bei 29-31 °C 73 Tage betragen (GIBSON schriftl. Mitt. 1998). Soweit mir bekannt, ist das der bisher einzige Nachzuchterfolg bei *I. delicatissima* in Menschenobhut. Beim Schlupf wies das Jungtier eine Gesamtlänge von 283 mm bei einer Kopf-Rumpflänge von 75 mm und einem Gewicht von 20 g auf (GIBSON 1997).

Während des ersten Lebensmonats nahm das Jungtier nicht freiwillig Nahrung auf und wurde in wöchentlichen Abständen mit einem Früchtebrei zwangsgefüttert. Nachdem das Nachzuchttier zunächst Hibiskusblüten angenommen hatte, konnte das Futterspektrum allmählich erweitert werden (GIBSON 1997).

Abb. 146. Schlüpfender *I. delicatissima*.
Foto: R.C. Gibson

9.4. Bedrohung

Intensive Landentwicklung für menschliche Siedlungen bedrohen direkt (Flurbereinigung) und indirekt (Zunahme von Hunden und Katzen, die den Leguanen nachstellen) die Leguanpopulationen. Es wird jedoch berichtet, daß die Koexistenz von Mensch und Leguan funktioniert, vorausgesetzt, daß die natürliche Vegetation teilweise erhalten bleibt.

Auch die zunehmende Entwicklung des Straßennetzes für Siedler und Touristen fordert jährlich einige Opfer unter den Leguanen (DAY & THORPE 1992, WIJFFELS 1997).

Abb. 147 (rechts). Übersicht über die möglichen Ursachen einer Nahrungsverweigerung.

10. Erkrankungen

10.1. Nahrungsverweigerung

Wenn Grüne Leguane nicht oder nur schlecht fressen, so kann dies verschiedene Gründe haben. Man sollte versuchen, durch das "Ausschlußverfahren" die Ursache(n) für die fehlende Futteraufnahme herauszufinden.

Auch "normale" Umstände können der Grund für fehlende Futteraufnahme sein. Trächtige Weibchen verwei-

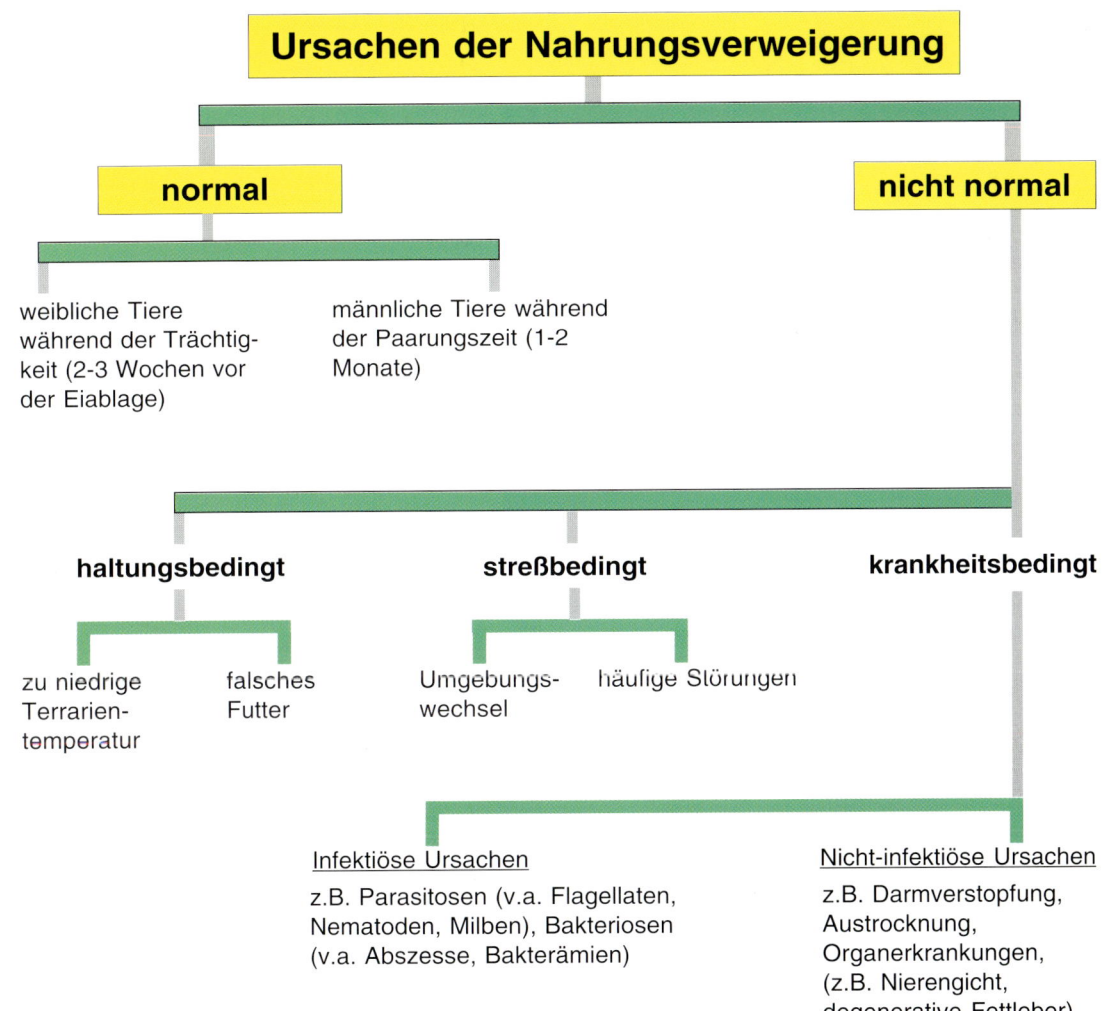

Ursachen der Nahrungsverweigerung

normal

nicht normal

weibliche Tiere während der Trächtigkeit (2-3 Wochen vor der Eiablage)

männliche Tiere während der Paarungszeit (1-2 Monate)

haltungsbedingt

streßbedingt

krankheitsbedingt

zu niedrige Terrarientemperatur

falsches Futter

Umgebungswechsel

häufige Störungen

Infektiöse Ursachen
z.B. Parasitosen (v.a. Flagellaten, Nematoden, Milben), Bakteriosen (v.a. Abszesse, Bakterämien)

Nicht-infektiöse Ursachen
z.B. Darmverstopfung, Austrocknung, Organerkrankungen, (z.B. Nierengicht, degenerative Fettleber)

gern in den letzten zwei bis drei Wochen vor der Eiablage oftmals jegliche Nahrung. Auch zeigen viele Männchen während der ein- bis zweimonatigen Paarungszeit eingeschränkten oder fehlenden Appetit. Diese Ursachen bedürfen natürlich keiner Behandlung.

Neben diesen normalen Ursachen kommen haltungs-, streß- und krankheitsbedingte Ursachen für eine Nahrungsverweigerung in Betracht.

Zunächst sollte man prüfen, ob bei den Haltungsbedingungen oder der Futterzusammensetzung Verbesserungen möglich sind. Eine zu kühle Haltung ist ein häufiger Grund für den fehlenden Appetit der Tiere. Bei 25 - 28 °C Körpertemperatur laufen die Verdauungsfunktionen bei den Leguanen nicht optimal ab, was zu einer reduzierten oder fehlenden Futteraufnahme führt. Auch einseitige oder falsche Ernährung kann die Ursache für die Nahrungsverweigerung sein.

Leguane können sehr empfindlich auf einen Umgebungswechsel reagieren. Dies gilt vor allem für erwachsene Tiere. Völlig gesunde Exemplare verweigern als Antwort auf einen Besitzerwechsel oftmals wochenlang die Nahrungsaufnahme. Optimale Pflegebedingungen, ein vielseitiges Futterangebot und viel Geduld sind notwendig, um den Tieren die Eingewöhnung zu erleichtern und sie wieder zur normalen Futteraufnahme zu bewegen.

Wenn man die eben genannten Ursachen ausschließen kann, bleiben fast nur noch krankheitsbedingte Gründe für die Nahrungsverweigerung der Leguane. Im Prinzip führt jede schwere Erkrankung schließlich zur Nahrungsverweigerung. Bei Jungtieren ist häufig ein Parasitenbefall (s. S. 114) ursächlich beteiligt, während bei mehrjährigen Leguanen oftmals Organerkrankungen (Gicht, Arteriosklerose, Tumoren) festgestellt werden. Auch Darmverstopfungen, die durch Kotanschoppungen bedingt sein können, führen zur Nahrungsverweigerung.

Bei Leguanen, die beginnen abzumagern, ist eine Zwangsfütterung notwendig. Hierzu hält man mit der einen Hand Kopf und Oberkiefer des Leguans fest - das Tier muß von einer zweiten Person gut fixiert werden -, während man mit Daumen und Zeigefinger der anderen Hand den vorderen Rand der Kehlwamme ergreift und

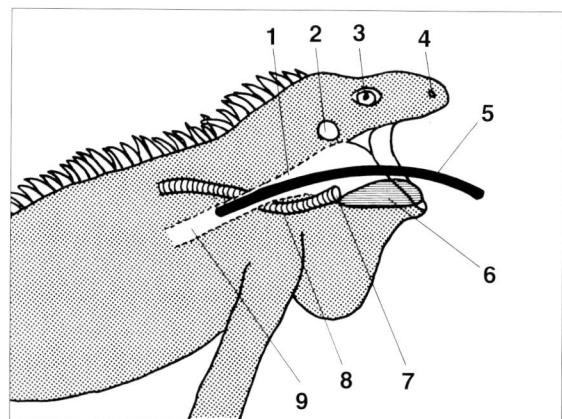

Abb. 148. Zwangsfütterung. (1=Schlund, 2=Trommelfell, 3=Auge, 4=Nasenloch, 5=Gummischlauch, 6=Zunge, 7=Luftröhrenöffnung, 8=Luftröhre, 9=Speiseröhre)

durch Herunterziehen des Unterkiefers das Maul öffnet. Nun wird ein Holzspatel ins geöffnete Maul geschoben und ein weicher Gummischlauch über Zunge und Luftröhrenöffnung hinweg in die Speiseröhre bis etwa auf Höhe des Schultergelenks eingeführt.

Wenn ein Leguan schon längere Zeit nichts mehr gefressen hat, ist sein Verdauungsapparat nicht auf schwerverdauliche Nahrung eingestellt. Ein kompaktes großes Futterstück würde lediglich einige Zeit im Magen der Echse liegen, um dann schließlich angedaut wieder erbrochen zu werden, was eine unnötige Belastung sowie einen starken Flüssigkeits- und Elektrolytverlust für das ohnehin schon geschwächte Tier bedeutet. Man ist besser beraten, wenn man solchen Patienten zunächst nur leichtverdauliche flüssige Nahrung wie z.B. Amynin und Boviserin (Immunglobulinlösung) eingibt.

Danach beginnt man, Säuglingsnahrung wie z.B. Alete hinzu zumischen, wobei man mit Karotten beginnt und nach und nach zu proteinhaltigeren Sorten übergeht. Grundsätzlich sollte man mehrmals täglich kleinere Mengen verabreichen (jeweils etwa 8 15 ml pro kg Körpergewicht). Zusätzlich gibt man den meist mehr oder weniger ausgetrockneten Tieren 20 bis 30 ml einer physiologischen Elektrolytlösung, wie z.B. Ringer-Lösung. Die Zwangsfütterung wird so lange fortgesetzt, bis der Leguan wieder freiwillig genügend große Mengen Nahrung zu sich nimmt.

10.2. Parasitäre Erkrankungen

Parasiten schädigen den Wirt durch Nahrungsentzug, giftige Stoffwechselprodukte, Blutentzug, Schaffung von Eintrittspforten für andere Erreger und Körperwanderungen. Dabei ist die Schadwirkung meist von der Befallsstärke abhängig.

Da sich die meisten Parasitenarten mit Hilfe einer Kotuntersuchung nachweisen lassen, sollte man den Kot seiner Terrarientiere regelmäßig (mindestens einmal jährlich) auf Parasiten untersuchen lassen. Die wichtigste präventivmedizinische Maßnahme bei der Reptilienpflege ist eine Quarantäne. Wenn sie mindestens 6-8 Wochen fachgerecht durchgeführt und von diagnostischen Untersuchungen (z.B. parasitologische Kotuntersuchung, Amöbenkulturen) begleitet wird, stellt sie einen wirksamen Schutz vor der Einschleppung von Parasiten und anderen Krankheitserregern dar. Die Quarantänebehälter müssen leicht zu reinigen und zu desinfizieren sein. In der Umgebung von Reptilien sollte man nur Desinfektionsmittel auf Peroxid- oder Alkoholbasis, keinesfalls aber phenolhaltige Präparate verwenden (KÖHLER 1989c).

Unter den Protozoen sind vor allem Amöben *(Entamoeba invadens)*, Flagellaten und Coccidien von Bedeutung. Ciliaten richten beim Grünen Leguan keinen Schaden an und gehören even-

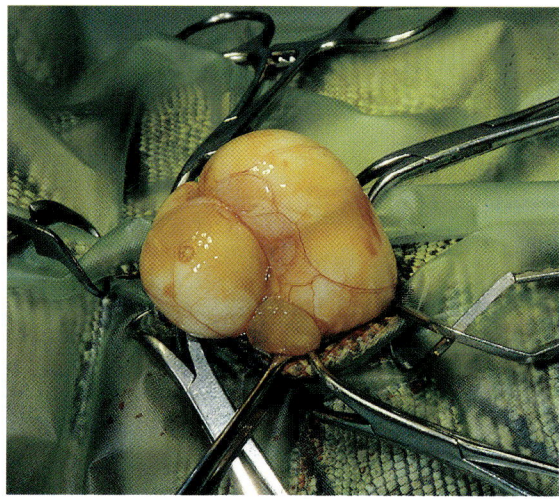

Abb. 149 (oben). Weiblicher Grüner Leguan mit chronischer Legenot. Man beachte den aufgebogenen Rücken, die geschlossenen Augen, das stumpfe Schuppenkleid und die eingefallene Schwanzwurzel.

Abb. 150 (unten). Legenotoperation: vorgelagerter Eileiter mit deutlich übertragenen Eiern. Man beachte das gelblich-trübe Exsudat im Eileiter.

Abb. 151 (oben). Dieses Jungtier hat sich Verbrennungen an einem frei zugänglichen Heizstrahler im Terrarium zugezogen.

Abb. 152 (unten). Bindehautentzündung und Schwellung der Augenlider aufgrund einer Überempfindlichkeit gegenüber Sonnenlicht nach Aufnahme von Buchweizen (Fagopyrismus).

Abb. 153 (oben). Gestorbener Grüner Leguan (Sektionstier) mit fibröser Osteodystrophie. Oberkiefer und Schädel sind weich und verformbar, während die Unterkieferknochen eine deutliche Umfangsvermehrung aufweisen.

Abb. 154 (unten). Kehlwamme mit Abszeß im Bereich der Knochenspange.

Abb. 155 (oben). Grüner Leguan mit fibröser Osteodystrophie aufgrund falscher Ernährung. Deutlich sind die Umfangsvermehrungen der Unterkiefer sowie der Ober- und Unterschenkelknochen zu erkennen.

Abb. 156 (unten). Schwerkranke Leguane weisen hervorstehende Beckenknochen und Muskelschwund an Extremitäten und Schwanz auf. Die Haut und das Schuppenkleid sind von matter gelbgrüner Farbe.

tuell sogar zur normalen Darmflora. Zur Behandlung von Protozoeninfektionen stehen mittlerweile eine ganze Reihe von gut verträglichen und recht sicher wirkenden Medikamenten zur Verfügung (KÖHLER 1996b). Der Therapieplan sollte jedoch immer mit einem reptilienkundigen Tierarzt abgesprochen werden, um Unverträglichkeiten oder gar Todesfälle zu vermeiden.

Fadenwürmer (Nematoden) lassen sich meist problemlos mit Panacur (40-50 mg Fenbendazol/kg KM p.o.) abtreiben. Eine Ausnahme bilden die beim Grünen Leguan häufigen, jedoch relativ harmlosen Oxyuren, die man mit Molevac (1-2 ml/kg KM p.o.) behandelt. Saugwürmer (Trematoden) und Bandwürmer (Cestoden) kommen beim Grünen Leguan selten vor. Zur Behandlung wird Fluxacur (25 mg Praziquantel/kg KM p.o.) eingesetzt.

Der Behandlungserfolg muß durch erneute parasitologische Kotuntersuchungen überprüft werden. Von der Infektion mit einer Parasitenart bis hin zur Ausscheidung der mikroskopisch nachweisbaren Stadien verstreicht eine gewisse Zeit, die von wenigen Tagen bis zu Monaten reichen kann. Aus diesem Grund hängt die Effektivität einer Quarantäne ganz entscheidend von der Dauer sowie von der Sorgfalt bei Hygiene, Diagnostik und Therapie ab.

Zu den Ektoparasiten gehören Zecken und Milben. Zecken werden nach Bestreichen mit Chloroform oder Alkohol mit drehenden Bewegungen mechanisch entfernt.

Die Beseitigung von Milben – in der Regel handelt es sich um *Ophionyssus natricis* – bereitet mehr Probleme, da es bislang kein sicher wirkendes Präparat gegen Milben gibt, das gleichzeitig harmlos für Reptilien ist. Da es sich bei der Behandlung um eine Art „Gratwanderung" handelt, muß man mit viel Fingerspitzengefühl vorgehen. Um zu einem Therapieerfolg zu gelangen, müssen grundsätzlich Tier und Umgebung behandelt werden.

Bewährt haben sich Insekten-Strips mit dem Wirkstoff Dichlorvos (z.B. Baygon-Insektenstrip). Mit Neguvon (Wirkstoff Trichlorphon) sollte man sehr vorsichtig umgehen, da es bereits mehrfach zu Todesfällen geführt hat. Sowohl Dichlorvos als auch Trichlorphon sind Phosphorsäureester („Organophosphate") und stören durch die (reversible) Hemmung des Enzyms Acetylcholin-Esterase die Übertragung des Nervenimpulses auf den Muskel. Eine Vergiftung mit Phosphorsäureestern während der Milbenbehandlung äußert sich dadurch, daß der betroffene Leguan apathisch wirkt und einen schwankenden Gang, Muskelzittern und Koordinationsstörungen aufweist. Dann muß die Behandlung augenblicklich abgebrochen, der Insektenstrip entfernt und das Terrarium gut belüftet werden. In leichteren Fällen verschwinden die Vergiftungssymptome innerhalb von wenigen Tagen. Bei schweren Vergiftungen empfiehlt sich die Gabe eines Antidots (Atropin-Sulphat) durch den Tierarzt.

10.3. Infektiöse Erkrankungen

Abszesse (mit Eiter gefüllte Hohlräume, die durch Einschmelzung von Gewebe entstanden sind) findet man bei *Iguana iguana* sehr häufig. Befinden sie sich unter der Haut (subkutan), so bereitet die Behandlung weit weniger Schwierigkeiten als bei Abszessen, die in der Nasenhöhle oder in der Leibeshöhle gelegen sind. Die Spaltung von Abszessen sollte man unbedingt einem Tierarzt überlassen, da der Abszeßinhalt bakteriologisch untersucht (inklusive Resistenztest) werden sollte und es zu Komplikationen wie z.B. Streuung der Erreger mit nachfolgender Sepsis kommen kann. Der Eiter in der Abszeßhöhle verkäst bei Reptilien und ist dann von gummiartiger Konsistenz. Nach einem Hautschnitt kann der Eiterpfropf meist leicht entfernt werden. Für die Nachbehandlung hat sich das Auftragen von Betaisodona-Salbe bewährt.

Entzündungen in der Mundhöhle (Stomatitis und Gingivitis) sollten auch nur in Verbindung mit einem Resistenztest behandelt werden, da die Erreger, die derartige Veränderungen hervorrufen, oftmals hochresistent gegenüber den üblichen Chemotherapeutika sind. Auf jeden Fall müssen eitrig-käsige Beläge täglich entfernt, die Entzündungsherde mit einem milden schleimhautverträglichen Antiseptikum (z.B. 3 %iges Wasserstoffperoxid, Doreperol-Lösung) gereinigt und desinfiziert werden. Je nach Ergebnis des Resistenztests wählt man ein Antibiotikum, das zweimal täglich lokal angewendet wird. In schweren Fällen sind zusätzliche systemische Antibiotikagaben notwendig. Das Verabreichen von Vitamin C fördert die Heilung.

Insbesondere stark abgemagerte und geschwächte Leguane neigen zu **Lungenentzündungen**. Meist werden selbst schwere Pneumonien vom Laien nicht erkannt, da die Symptomatik eher unauffällig ist und die Tiere bis zuletzt kaum Atemnot zeigen. Eine Therapie sollte nur nach Durchführung eines Trachealabstriches und in Absprache mit einem Tierarzt erfolgen, der auf der Basis eines Resistenztests das wirksamste und am besten verträgliche Antibiotikum auswählt. Inhalationen mit ätherischen Ölen und eventuell einem Antibiotikum unterstützen die systemische Therapie.

129

10.4. Ernährungsbedingte Erkrankungen

Gicht

Als überwiegend pflanzenfressende Echse ernährt sich der Grüne Leguan in der Natur sehr ballaststoffreich, aber protein-, fett- und purinarm. Das Endprodukt des Protein- und Purinstoffwechsels ist bei Reptilien Harnsäure, die mit Hilfe der Nieren ausgeschieden wird. Werden Grüne Leguane im Terrarium massiv mit protein- und purinreicher Nahrung (z.B. Mäusen, Fisch, Ei, Hunde- und Katzenfutter aus der Dose) gefüttert, kommt es zu einer vermehrten Harnsäurebildung. Das Überschreiten der Ausscheidungskapazität führt zu einem erhöhten Harnsäurespiegel im Blut (Hyperurikämie) und schließlich zu Ablagerungen von harnsauren Salzen (Uraten) in den Nieren („Nierengicht"), den Gelenken („Gelenkgicht") und den Eingeweiden („Viszeralgicht", vor allem der Leber und des Herzbeutels). Eine Austrocknung (Exsikkose) der Tiere fördert die Ausfällung von Harnsäuresalzen.

Da Grüne Leguane offensichtlich zu Gicht neigen und eine Heilung kaum möglich ist, sollte man sich um so mehr bemühen, diese Erkrankung durch richtige Ernährung zu vermeiden. Mittels einer klinisch-chemischen Blutuntersuchung läßt sich ein erhöhter Blutharnsäurespiegel schon im Frühstadium der Erkrankung nachweisen (FRANK 1978). Gesunde Grüne Leguane besitzen Blutharnsäurespiegel, die etwa bei 53,5-392,3 µM/l liegen (KÖHLER 1996b).

Fibröse Osteodystrophie

So exotisch sich der Name dieser Stoffwechselstörung anhört, so häufig kommt sie beim Grünen Leguan vor, obwohl sich diese Krankheit leicht verhindern ließe.

Die Nebenschilddrüse (Parathyreoidea) ist ein kleines Organ, das – wie ihr Name schon sagt – unmittelbar neben der Schilddrüse an der Luftröhre zu finden ist. Sie spielt im Calciumstoffwechsel eine wichtige Rolle. Die Grundursache dieser Stoffwechselstörung ist ein falsches Verhältnis von Calcium zu Phosphor in der Nahrung. Optimal ist ein Verhältnis von 1,0-1,5:1,0 (Ca:P) (FRYE 1981).

Wenn nun über längere Zeit dieses Verhältnis zugunsten des Phosphors verschoben wird, kommt es zu einer verstärkten Aktivität (Überfunktion) der Nebenschilddrüse (Hyperparathyreoidismus), so daß sie vermehrt ein Hormon (das Parathormon) produziert und ins Blut abgibt. Dieses Hormon bewirkt eine Mobilisierung des Calciums der Knochen, so daß das Skelett entmineralisiert wird.

Insbesondere bei den Knochen, die einer stärkeren mechanischen Belastung ausgesetzt sind (vor allem Knochen der Extremitäten sowie die der Kiefer), versucht der Organismus den Stabilitätsverlust durch Zubildung von

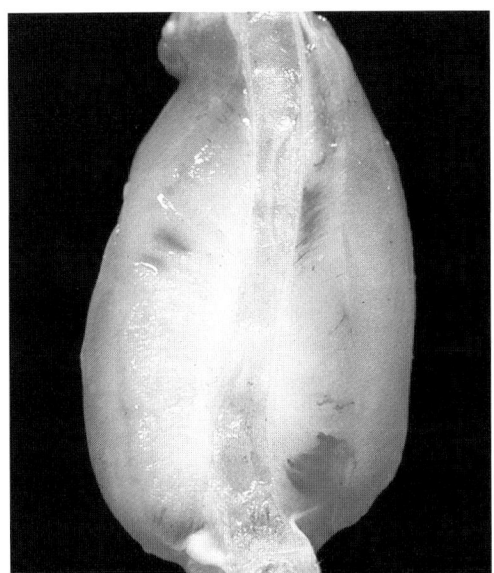

Abb. 157. Querschnitt durch den Oberschenkelknochen eines Grünen Leguan mit fibröser Osteodystrophie. Foto: Inst. f. Veterinärpathologie Gießen

Bindegewebe auszugleichen. Dies führt zu einer Umfangsvermehrung der betroffenen Knochen, welche leicht durch Abtasten feststellbar ist. Andere Knochen (z.B. Schädel) werden durch diese Entmineralisierung weich und verformbar.

Auch diese Stoffwechselstörung kann man mit Hilfe einer Blutuntersuchung frühzeitig diagnostizieren, wobei dem Calcium- und Phosphorspiegel und der Alkalischen Phosphataseaktivität im Blutserum eine besondere Bedeutung zukommen. Gesunde Grüne Leguane haben Calciumspiegel von 1,8-3,3 mM/l und Phosphorspiegel von 1,3-2,9 mM/l (KÖHLER 1996b).

Da man Calcium kaum überdosieren kann, gilt zur Vorbeugung, daß man eher zuviel als zuwenig Mineralstoffe ins Futter geben sollte. Außerdem sollte man immer geriebene Sepiaschale anbieten, die in der Regel gern gefressen wird. Jungtiere, die besonders anfällig für diese Stoffwechselstörung sind, erhalten zusätzlich zu den Mineralstoffgaben täglich Calcium-Lactat. Pflanzen mit einem ungünstigen Ca:P-Verhältnis sollte man nicht zu häufig füttern, bzw. das Verhältnis durch Calciumgaben verbessern (s. a. Kapitel Ernährung 7.6., S. 89).

Einmal vorhandene Umfangsvermehrungen von Knochen lassen sich nicht wieder rückgängig machen. Man kann nur versuchen, den Krankheitsprozeß zu stoppen, indem man dem Tier massiv Calcium (z.B. Calcium-Lactat oder Calcium-Gluconat) zuführt.

Rachitis und Osteomalazie

Diesen Stoffwechselstörungen liegt ein Vitamin-D-Mangel zugrunde, der zu einer ausbleibenden Mineralisierung des Knochengewebes führt. Bei Jungtieren bleibt der wachsende Knochen (Rachitis), bei adulten Tieren das im Rahmen des inneren Umbaus (Remodeling) entstehende Knochengewebe (Osteomalazie) im osteoiden (unfertig, noch nicht verknöchert) Zustand erhalten (DÄMMRICH & LOPPNOW 1990).

Im Gegensatz zur Osteodystrophie kommt es bei dieser Stoffwechselstörung nicht zu einer Umfangsvermehrung der weichen Knochen. Um eine Hypovitaminose-D, also eine Unterversorgung mit Vitamin D, zu vermeiden, sollte man unbedingt auf regelmäßige Vitamingaben in der angegebenen Dosierung achten (Kapitel 7.6., S. 89ff).

In der Literatur finden sich mehrere Berichte von **Hypervitaminosen-D** beim Grünen Leguan, die zu dystopen (an falschen Orten) Verkalkungen geführt haben (FRYE 1981, PALLASKE 1961, SCHUCHMANN & TAYLOR 1970, STILL & BERÜNEK 1984, WALLACH 1966).

Inzwischen ist allgemein bekannt, daß eine Ergänzung der Nahrung mit Multivitamin- und Mineralstoffpräparaten zur Gesunderhaltung der Pfleglinge notwendig ist. Allerdings führt eine Überversorgung mit Vitaminpräparaten zu ernsten Gesundheitsstörungen, die nur schwer zu behandeln sind.

Ein Zuviel an Vitamin D_3 bedingt einen ständig erhöhten Blutcalciumspiegel (Hyperkalzämie) und schließlich Ablagerungen von Calciumsalzen in Organen, wobei fibroelastische Gewebe der Arterien (vor allem Mediaverkalkung der Aorta, Pulmonal- und Nierenarterien) in besonderem Maße betroffen sind.

Ab welcher Dosierung es beim Grünen Leguan zur Vitamin-D_3-Vergiftung kommt, ist nicht bekannt. Erste Therapieversuche einer Hypervitaminose-D wurden von FRYE et al. (1991) bei zwei Exemplaren von Grünen Le-

guanen mit einem gewissen Erfolg durchgeführt.

10.5. Sonstige Erkrankungen

Die Vorbeugung und medikamentöse Behandlung der psychogenen **Legenot** wurde in Kapitel 8.3. besprochen. Besteht der Verdacht, daß das Weibchen einen Calciummangel hat, sollte man ihm etwa eine Stunde vor der Oxytocin-Gabe parenteral Calcium verabreichen. Sollte die Oxytocin-Therapie keinen Erfolg zeigen, bleibt als letztes Mittel das chirurgische Vorgehen. Insofern das Tier noch in guter Verfassung ist, kann man die Prognose einer derartigen Operation als günstig einschätzen.

Abb. 158. Blumenkohlartige Papillome am Unterschenkel eines Leguans.

Auch beim Grünen Leguan findet man alle möglichen **Tumoren**. Bei Papillomen, die eventuell von Viren verursacht werden, kann man, wenn sie an günstigen Stellen sitzen, eine operative Entfernung versuchen (Abb. 158). Bösartige Ovarialtumoren mit multiplen, zum Teil faustgroßen Metastasen habe ich bereits mehrfach bei *Iguana iguana* gefunden. Da es bei derart massiven Tumorerkrankungen zu Freßunlust, Einfallen der Schwanzwurzel bei gleichzeitig prallem Leib kommt, werden solche Fälle leicht mit einer fortgeschrittenen Trächtigkeit verwechselt (Groß 1989).

Häufig kann man bei *Iguana iguana* das **Absterben und Eintrocknen der Schwanzspitze** beobachten. Bei Jungtieren und Wildfängen handelt es sich meist um traumatische Ursachen wie z.B. Schlagen mit dem Schwanz auf harte Kanten oder Einklemmen in Türen und Schiebescheiben. Diese Traumata können auch zum Verlust eines mehr oder weniger großen Schwanzabschnittes führen. Die stumpfen Verletzungen führen zur Beschädigung von Blutgefäßen, was eine schlechtere Durchblutung des betroffenen Schwanzabschnittes nach sich zieht. Die Sauerstoffminderversorgung sowie die Anreicherung giftiger Stoffwechselprodukte bewirkt schließlich das Absterben des Gewebes (Nekrose).

Werden Grüne Leguane über Jahre hinweg falsch ernährt (z.B. zu protein-

Abb. 159. Schwanzspitzennekrose bei einem Grünen Leguan.

und purinreich oder zu hohe Gaben Vitamin D), kommt es in Folge von Ablagerungen (Harnsäure- bzw. Calciumsalze) in den Wänden der Blutgefäße zu einem Elastizitätsverlust, der ebenfalls eine Minderdurchblutung zur Folge hat. Körperpartien, die ohnehin schon schlechter durchblutet werden (z.B. Zehen und Schwanzspitze), sind davon in besonderem Maße betroffen und beginnen als erstes abzusterben. Durch Stoffwechselerkrankungen bedingte Schwanznekrosen gehen progressiv in Richtung Schwanzansatz weiter und können nur durch rechtzeitige Amputation (im noch lebenden Bereich) gestoppt werden. Man muß immer darauf achten, daß die Leguane auch die Schwanzspitze vollständig häuten, da verbliebene Häutungsreste zu einem Abschnüren und über längeren Zeitraum zum Absterben des betroffenen Abschnitts führen.

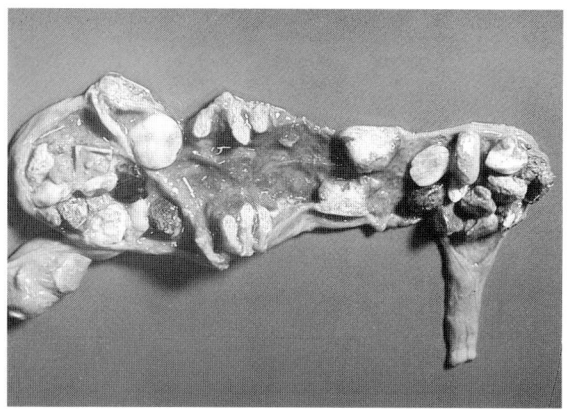

Abb. 160. Geöffneter Darm eines an Verstopfung gestorbenen Grünen Leguans. Deutlich sind die vom Leguan gefressenen Steine zu sehen.

Foto: W. Frank

Darmverstopfungen können verschiedene Ursachen haben. So beobachtet man insbesondere bei Leguanen, die einen Mineralstoffmangel aufweisen, das gezielte Fressen von Sand und Steinen (Geophagie, Abb. 160). Weiterhin kommen eine zu geringe Flüssigkeitsaufnahme, zu ballaststoffarme Ernährung und Darmatonien als mögliche Ursache für derartige Probleme in Frage. Zur Behandlung empfiehlt sich die orale und kloakale Gabe von Paraffin oder Sonnenblumenöl (2-3 ml/kg KM).

Das **Hervordrücken der Augen** bei geschlossenen Lidern und das Reiben der unnatürlich weit hervorgewölbten Augen an einem Ast oder anderem Gegenstand kann manchmal bei Leguanen beobachtet werden. Es ist anzunehmen, daß dieses Verhalten auf einen Juckreiz am Auge oder am Augenlid hervorgerufen wird. Der Juckreiz kann durch einen Häutungsrest oder aber auch durch einen Vitamin-A-Mangel hervorgerufen sein, der zu einer verstärkten Epithelabschilferung führt. Wenn das Hervordrücken der Augen über einen längeren Zeitraum (mehrere Wochen) häufig (mehrfach täglich) beobachtet wird oder die Augen permanent vorgewölbt bleiben, sollte man einen Tierarzt zu Rate ziehen, um die Ursache(n) zu klären. In Frage kommen entzündliche Prozesse an Bindehaut, Hornhaut oder Tränendrüsen sowie (selten) Tumoren. Auch bei ernährungsbedingter Lichtempfindlichkeit kommt es zu Bindehautentzündung mit starker Schwellung der Augenlider (vgl. Kapitel 7.6.1."Schädliche Inhaltsstoffe einiger Pflanzen").

Abschließend möchte ich noch kurz auf die Bedeutung von **Sektionen** gestorbener Reptilien eingehen. Die Klärung der Todesursache kann bei ansteckenden Krankheiten vergesellschaftete Tiere schützen und wichtige Erkenntnisse für die Erstellung eines Therapieplans liefern. Weiterhin bringt eine Sektion wichtige Informationen über den Gesundheitszustand des gesamten Bestandes. Nicht zuletzt erweitert jede Untersuchung gestorbener Reptilien unser Wissen in der Reptilienpathologie und kommt somit allen unseren Pfleglingen zu Gute.

10.6. Erste Hilfe Maßnahmen

Bis ein kranker oder verletzter Leguan in tierärztliche Behandlung kommt, vergeht meist einige Zeit. Durch geeignete, vom Pfleger durchgeführte Maßnahmen können in vielen Fällen die Heilungsaussichten verbessert werden.

Stark abgemagerten und exsikkotischen (=ausgetrockneten) Leguanen muß so schnell wie möglich physiologische Elektrolytlösung und leichtverdauliche Nahrung zugeführt werden. Derartig geschwächte Tiere nehmen in der Regel freiwillig nichts mehr zu sich und müssen zwangsgefüttert werden.

Auch im Terrarium können sich eine Reihe von Unfällen mit zum Teil schweren Verletzungen ereignen. **Bißverletzungen** sollten mit steriler physiologischer Lösung (z.B. 0,9 %ige NaCl-Lösung) gereinigt und mit 70 %igem Alkohol oder Betaisodona-Lösung desinfiziert werden. Keinesfalls dürfen jedoch alkohol- und jodhaltige Präparate (z.B. Betaisodona) gleichzeitig angewendet werden .

Größere Zusammenhangstrennungen müssen nach Reinigung und Desinfektion genäht werden. Nicht infizierte Verletzungen werden mehrere Tage lang mit Lebertransalbe (z.B. Unguentolan Wund und Brandsalbe) behandelt. Haben sich Bißverletzungen infiziert und entzündet, was man daran erkennt, daß der Wundbereich stark anschwillt und näßt, so ist die Behandlung wesentlich aufwendiger und sollte nur in Zusammenarbeit mit einem Tierarzt (Resistenztest, Antibiose, unterstützende Therapie) durchgeführt werden.

Recht häufig führt das Einklemmen in Türen oder Schiebescheiben zu **Schwanzverletzungen**. Kommt es zur vollständigen Durchtrennung, so erfordert dies meist keine weiteren Maßnahmen. Ist der Schwanz nur teilweise durchtrennt, so kann man den Verlust in manchen Fällen verhindern. Die Wunde wird gereinigt und mit einem Verband versehen. Bei kleinen Leguanen hat sich - wie auch bei Schwanzbrüchen - die Verwendung von Plastikstrohhalmen zur Stabilisierung bewährt.

Bei Wildfängen kommt es immer wieder zu **Schnauzenverletzungen**, die nur schlecht heilen und oft zu Abszessen in diesem Bereich führen. So lange keine Entzündung vorliegt, können diese Verletzungen mit Lebertransalbe versorgt werden. Dies gilt auch für **Krallenverletzungen** und ausgerissene Krallen. Bei lokalen Entzündungsprozessen haben sich Antiseptika wie Betaisodona-Lösung bzw. -Salbe sehr bewährt.

Verbrennungen durch nicht sicher installierte Wärmestrahler, Heizmatten, Heizkabel etc. werden zunächst gereinigt und mit Lebertransalbe abgedeckt. Tiere mit großflächigeren Verbrennungen müssen unbedingt dem Tierarzt vorgestellt werden, da es zu schwerwiegenden Komplikationen wie z.B. Exsikkose, Sepsis, Nierenversagen, Leberschäden und Schock kommen kann.

Auch Leguane, die einen **Darm- oder Hemipenisvorfall** aufweisen, müssen so schnell wie möglich in tierärztliche Behandlung. Um zu vermeiden, daß das vorgefallene Gewebe austrocknet, verletzt wird und abstirbt, sollte man es mit steriler physiologischer Lösung abspülen und mit einem feuchten Verband versehen. Allerdings bedeutet nicht jedes Ausstülpen der Hemipenes außerhalb der Paarungszeit, daß der Leguan einen Hemipenisvorfall hat und in ärztliche Behandlung muß. Manche Tiere haben die Angewohnheit, nach jedem Koten kurzzeitig die Hemipenes auszustülpen. Bedenken sind angebracht, wenn ein Vorfall dieses Organs mehrere Minuten und länger andauert.

11. Bedrohung und Schutzmaßnahmen

Trotz seiner großen Fruchtbarkeit und Anpassungsfähigkeit ist der Grüne Leguan an vielen Orten, an denen er einst überaus häufig war, mittlerweile vom Aussterben bedroht bzw. bereits verschwunden. Die Abnahme der Populationsstärken ist sowohl direkt (Jagd zum Verzehr) als auch indirekt (Zerstörung der Lebensräume) auf menschliche Einwirkungen zurückzuführen. Der Grüne Leguan wird seit mindestens 7000 Jahren zum menschlichen Verzehr gejagt (COOKE 1981), ohne daß ihn dies ausgerottet hätte. Erst eine rapide wachsende Bevölkerung in Zusammenhang mit besseren Transportmöglichkeiten sowie die Verwendung von Schußwaffen haben zu diesem massiven Rückgang geführt. Die Zerstörung der Lebensräume und der großzügige Einsatz von Pestiziden haben ihr Übriges dazu beigetragen (FITCH et al. 1982).

Eine mittelamerikanische Farmerfamilie rodet typischerweise zwei bis drei Hektar Regenwald, um Korn, Reis oder Yucca anzubauen. Spätestens drei Jahre nach der Waldzerstörung ist der Boden zu unfruchtbar geworden, um eine Familie zu ernähren. Während das Landstück als Rinderweide genutzt wird, um innerhalb von 15 bis 20 Jahren durch Überweidung und Erosion völlig unfruchtbar und öde zu werden, rodet die Farmerfamilie ein neues Regenwaldstück. Dieser Prozeß hat dazu geführt, daß in den meisten mittelamerikanischen Ländern während der letzten 40 Jahre nahezu die Hälfte des primären Regenwaldes der Abholzung zum Opfer gefallen ist (NATIONS & KOMER 1983, WERNER 1991).

Das in Lateinamerika produzierte Rindfleisch ist überwiegend für den Export bestimmt und für die lokale Bevölkerung entweder nicht verfügbar oder zu teuer. Insbesondere für Farmer in abgelegenen Gebieten ("Campesinos") spielen kleineres jagdbares Wild, wie Gürteltiere, Agoutis, Pacas und Leguane eine wichtige Rolle als Proteinquelle. In Rückzugsgebieten mit Restwaldbeständen, wie z.B. entlang von Flüssen oder in Schluchten, hat der starke Jagddruck auf die oben genann-

Abb. 161. Die Zerstörung der Lebensräume durch Brandrodung trägt maßgeblich zum Rückgang der Leguanpopulationen bei.

137

Abb. 162. Leguanmännchen an einer Straße in Peru. Viele Leguane enden jedes Jahr als Straßenopfer. Foto: R. Monkenbusch

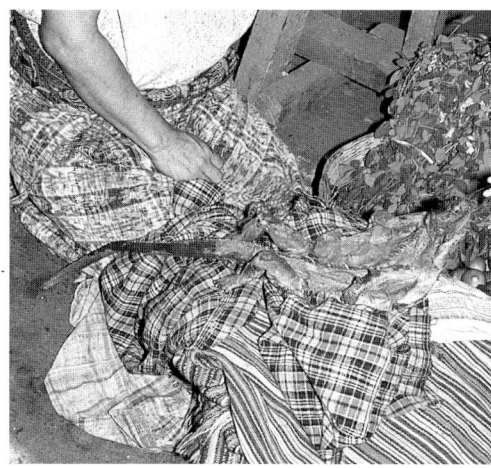

Abb. 163. Auf einem Markt in Mexiko werden die Leguane zum Kauf angeboten. Foto: J. Gábris

ten Wildtiere meist bereits zur lokalen Ausrottung geführt.

Unzählige Leguane werden jedes Jahr von Autos überfahren (HARRIS 1982, RODDA 1990), wobei die Weibchen während ihrer Wanderung zu geeigneten Eiablageplätzen, die Männchen während der Paarungszeit besonders bedroht sind.

Dieser Rückgang hat auch dazu geführt, daß das einstmals sehr billige „Produkt" Leguan heutzutage auf den Märkten Mittelamerikas teurer ist als das Fleisch von Fisch, Geflügel, Schwein oder Rind (Anonymus 1991). Auf äußerst grausame Weise wird den Leguanen das Maul zugenäht und die Extremitäten auf dem Rücken zusammengebunden, oftmals so fest, daß es zum Absterben der betroffenen Abschnitte kommt (HENDERSON & FITCH 1978). In diesem Zustand warten die

hilflosen Kreaturen, bis sich schließlich jemand zum Kauf entscheidet. Leguane, die nicht verkauft werden konnten, werden über Nacht wieder in großen Säcken verstaut, und zwar bis zu fünfzig Tiere pro Sack (HENDERSON & FITCH 1978)!

Da die Eier des Grünen Leguans besonders begehrt sind, ist die Jagd auf die Tiere während der Eiablagezeit am intensivsten. Vielerorts ist es üblich, daß dem lebenden Weibchen der Bauch aufgeschnitten wird, um die Eier herauszuholen. Dann wird dieser mit Blättern oder Asche gefüllt, zugenäht, und dem Tier die Freiheit geschenkt, in dem guten Glauben, daß es nun nächstes Jahr wieder Eier legen könne (HARRIS 1982). Daß diese Leguane jämmerlich an einer Bauchfellentzündung sterben, braucht man wohl kaum zu erwähnen. Durch die starke Bejagung der Weibchen verschiebt sich das Geschlechterverhältnis mit zunehmendem Alter zugunsten der Männchen (MÜLLER 1972).

Gesetzliche Bestimmungen zum Schutz des Grünen Leguans existieren mittlerweile in fast allen Ländern Lateinamerikas. Da der Leguanfang jedoch tief in der Tradition der Campesinos verankert ist, sind einfache Gesetzesänderungen oder Verordnungen zum Schutz dieser Tiere kaum wirkungsvoll. Eine Aufklärung der Bevölkerung über den drastischen Rückgang der Leguanpopulationen mit Hilfe der Medien (Zeitung, Radio, Fernsehen) und der Schulen ist dringend notwendig. Entscheidend ist, daß der Durchschnittsbürger erkennt, daß einige wenige, konsequent durchgeführte Schutzmaßnahmen sehr effektiv die Erholung dezimierter Leguanpopulationen bewirken können (HENDERSON & FITCH 1978). Hierzu gehört insbesondere die Festlegung und Überwachung von Schutzgebieten, ein Jagdverbot während der Eiablageperiode sowie Normgrößen für jagdbare Exemplare.

Eine umfassende Aufklärung sollte auch dazu beitragen, daß diejenigen, die mit Leguanen – ob kommerziell oder nicht – zu tun haben, lernen, daß auch Reptilien durchaus Schmerzen empfinden und unnötige Quälereien zu vermeiden sind.

Um dem weiteren Rückgang von Leguanpopulationen effektiv entgegenzuwirken, sind geeignete Zuchtprogramme unbedingt notwendig. Vor allem Maßnahmen, welche die Jungtiersterblichkeit vermindern, können bei der großen Fruchtbarkeit des Grünen Leguans äußerst wirksam sein.

11.1. Leguan-Zuchtprojekte

Initiativen zum Schutz von *Iguana iguana*, wie beispielsweise in Venezuela ("Venezuela Iguana Project"), Curaçao ("Carambi Foundation"), Panama ("Iguana Management Project"), Costa Rica ("Pro Iguana Verde Fundación") und Belize ("Belize Iguana Project") sind vielversprechende Ansätze. Aufgrund seiner Harmlosigkeit, vegetarischen Ernährungsweise und hohen Reproduktionsrate ist der Grüne Leguan besonders geeignet für Zuchtprojekte ("Iguana Farming").

Anders als bei der Rinderzucht müssen bei der Leguan-Zucht keine Wälder gerodet werden, um große Flächen für Rinderherden zu schaffen. Vielmehr ist das Vorhandensein von Bäumen Grundvoraussetzung für das Iguana Farming. Vorsichtige Schätzungen lassen für diese Art der Leguanzucht einen Ertrag von 200-300 kg Fleisch pro Hektar jährlich erwarten (Anonymus 1991). Das planmäßige Züchten dieser Echsen verbindet somit die Erhaltung von tropischen Regenwäldern mit dem Gewinn von Fleisch und Einkommen für die einheimische Bevölkerung.

Abb. 164. Männlicher Leguan auf einer Farm in Honduras.

Besonders erwähnenswert ist die »Pro Iguana Verde Fundación« in Costa Rica. Begonnen hatte dieses Projekt 1983 unter der Leitung von Dr. A. STANLEY RAND vom »Smithsonian Tropical Research Institute« in Panama mit dem Ziel, Grüne Leguane unter kontrollierten Bedingungen in großer Zahl zu vermehren (WERNER 1991, BODRI 1992). Eines der Anliegen war, einen Weg zu finden, große Mengen „Leguanfleisch" als Proteinquelle für die einheimische Be-

völkerung zu produzieren. Zum anderen sollten Leguane zum Aufstocken der dezimierten Wildpopulationen ausgewildert werden. Nach einigen Schwierigkeiten gelang es Frau Dr. WERNER, die inzwischen die Leitung dieses Projektes übernommen hatte, Ende der 80er Jahre mit ihren Zuchttieren nach Costa Rica umzuziehen. Mittlerweile hat sich dieses Projekt außerordentlich erfolgreich entwickelt. So wurden bis 1990 insgesamt 16.000 Eier des Grünen Leguans zum Schlüpfen gebracht (GEIß LER 1992, schriftl. Mitt.).

Aus der Natur entnommene erwachsene Leguane gewöhnen sich nur schlecht ein und sind kaum geeignet, unter Terrarien- oder Farmbedingungen eine produktive Zuchtgruppe zu bilden. Erwachsene Wildfänge sind meist sehr scheu, produzieren überwiegend unbefruchtete Gelege und sind anfällig gegenüber Infektionen, so daß die Mortalität unverhältnismäßig hoch ist (WERNER 1991). Günstiger ist es, Jungtiere aufzuziehen und diese dann zur Zucht zu verwenden. In einer Zuchtanlage von 200x200x200 cm (LxBxH) kann ein Männchen mit vier bis sechs Weibchen vergesellschaftet werden. Dieses Geschlechterverhältnis garantiert normalerweise eine Befruchtungsrate von 100 % (WERNER 1991). Mehr als ein Männchen pro Behälter führt zu häufigen Auseinandersetzungen mit zum Teil schweren Verletzungen.

Entscheidend für den Erfolg des Projektes sind das sichere und einfache Auffinden und die Entnahme der Gelege. Unter Freilandbedingungen ist es nahezu unmöglich, Leguangelege zu finden. Die meisten Leguanweibchen nehmen den von WERNER & MILLER (1984) entwickelten künstlichen Eiablageplatz problemlos an, statt selbst eine Höhle zu graben. Die Eier können dann sehr leicht entnommen und künstlich bebrütet werden.

Eine einfache und von Elektrizität unabhängige Inkubationsmethode für Farmen in tropischen Ländern ist das Eingraben von Styroporboxen in den Boden (WERNER 1991). Die Boxen werden mit feuchtem Substrat (Sand-Erde-Gemisch oder Vermiculite) gefüllt und bieten sehr günstige Inkubations-

bedingungen für Leguaneier. Eine Temperaturkontrolle ist unbedingt notwendig, da Werte unter 26 °C oder über 33 °C zum Absterben der Eier führen.

Die Aufzuchtkäfige müssen so konstruiert sein, daß alle Jungtiere ausreichend Zugang zu Freß-, Schutz- und Thermoregulationsplätzen haben. Grüne Leguane sind sehr sensibel und reagieren auf Umgebungswechsel äußerst negativ. Ein Umsetzen von juvenilen Leguanen in einen anderen Aufzuchtkäfig mit gleich großen Leguanen führt in der Regel zum Tod der umgesetzten Tiere durch Streß (WERNER 1991). Die Besatzdichte ist abhängig von der Konstruktion der Behälter und kann 10 bis 40 Jungtiere (0-7 Monate) pro Quadratmeter betragen. WERNER (1991) gibt an, daß unter idealen Behälterbedin-

Abb. 165. Nachzuchttiere einer Leguanfarm in Honduras.

Abb. 166. Aufzuchtkäfig für Jungtiere einer Leguanfarm auf Roatán (Honduras).

Foto: T. Eisenberg

Abb. 167. Jagdverbotsschild in einem Gebiet auf der Insel Roatán (Honduras) zum Schutz der Leguane.

gungen die Besatzdichte bis zu 60 Jungtiere/m^2 betragen kann, ohne daß die Wachstumsrate sinkt oder die Mortalität steigt.

Grüne Leguane bis zur Geschlechtsreife in entsprechenden Behältnissen zu pflegen, ist nicht ökonomisch (WERNER 1991). Vielmehr ist es günstig, Jungtiere lediglich sieben bis neun Monate aufzuziehen, um sie gegenüber Freßfeinden unempfindlicher zu machen. Dann werden die nunmehr halbwüchsigen Leguane in geeigneten Gebieten mit ausreichenden Baumbeständen freigelassen. Da Grüne Leguane sehr standorttreu sind, entfernen sie sich selten weit von den Bäumen, an denen sie ausgesetzt wurden. Dies gilt insbesondere dann, wenn den Tieren an einer bestimmten Stelle zusätzlich Futter angeboten wird.

Durch künstliche Inkubation der Eier und Aufzucht der Leguane während der ersten sieben bis neun Lebensmonate kann die 45fache Menge an Leguanen ausgesetzt werden, verglichen mit der Anzahl an Leguanen, die unter Freilandbedingungen aus der gleichen Anzahl Eier resultieren würde (WERNER 1991).

Da die Stoffwechselrate eines Reptils bei 37 °C nur 10 bis 20 % der eines Säugetiers oder Vogels beträgt, wächst ein Grüner Leguan wesentlich langsamer als zum Beispiel ein Huhn. Um ein Gewicht von 3 kg zu erreichen, benötigt ein Leguan drei Jahre, ein Huhn nur vier Monate (WERNER 1991).

WERNER (1991) hat drei mögliche Modelle des Iguana Farming auf ihre Wirtschaftlichkeit hin untersucht:

Modell 1: Aufrechterhaltung von Zuchtgruppen in der Anlage und Aufzucht der Jungtiere bis zur Geschlechtsreife.
Platzbedarf: weniger als 100 m².
Permanenter Tierbestand in der Anlage: Zuchtgruppen adulter Leguane.
Quelle der Eier: Trächtige Weibchen der Zuchtgruppen.
Inkubationsmethode: Künstliche Inkubation.
Aufzucht der Jungtiere: Bis zu einem Alter von drei Jahren; dann wirtschaftliche Nutzung oder Integration in Zuchtgruppen.
Wirtschaftlichkeit: Trotz des geringen Platzbedarfs machen die hohen Investitions- und Futterkosten dieses Modell wirtschaftlich unattraktiv, da das Verhältnis von Kosten zu Ertrag 0,5 bis 0,7 beträgt. Das bedeutet, daß der Farmer für jeden Dollar, den er investiert, nur 50 bis 70 Cent zurückerhält.

Modell 2: Management einer freilebenden Population und Aufzucht der Jungtiere bis zu einem Alter von neun Monaten
Platzbedarf: Eine relativ große (mindestens 2,2 Hektar) bewaldete Fläche.
Permanenter Tierbestand in der Anlage: keiner (nur Aufzucht, s.u.).
Quelle der Eier: Gewinnen der Eier von freilebenden trächtigen Weibchen, die vorübergehend in die Anlage genommen und nach der Ablage wieder freigesetzt werden.
Inkubationsmethode: Künstliche Inkubation.
Aufzucht der Jungtiere: Bis zu einem Alter von neun Monaten.
Wirtschaftlichkeit: Abgesehen vom großen Platzbedarf, der notwendig ist, um die Existenz einer freilebenden Leguanpopulation ohne Zufütterung zu ermöglichen, ist dieses Modell wirtschaftlich am attraktivsten, da das Verhältnis von Kosten zu Ertrag 2,2 bis 3,0 beträgt. Wenn der Farmer die Hälfte des Futters, das für die Aufzucht der Jungtiere benötigt wird, aus eigener Produktion stellen kann, steigt das Kosten-Ertrag-Verhältnis sogar auf 3,0 bis 4,1.

Modell 3: Aufrechterhaltung von Zuchtgruppen in der Anlage und Aufzucht der Jungtiere bis zu einem Alter von neun Monaten.
Platzbedarf: ca. 0,5 Hektar.
Permanenter Tierbestand in der Anlage: Zuchtgruppen adulter Leguane.
Quelle der Eier: Trächtige Weibchen der Zuchtgruppen.
Inkubationsmethode: Künstliche Inkubation.
Aufzucht der Jungtiere: Bis zu einem Alter von neun Monaten, dann Aussetzen in einem bewaldeten Gebiet von mindesten 0,5 Hektar Größe mit Futterstationen.
Wirtschaftlichkeit: Wegen der Kosten für die Aufrechterhaltung von Zuchtgruppen bleibt dieses Modell am Rande der wirtschaftlichen Attraktivität. Das Verhältnis von Kosten zu Ertrag beträgt 0,7 bis 1,0. Wenn der Farmer die Hälfte des Futters, das für die Aufzucht der Jungtiere benötigt wird, aus eigener Produktion stellen kann, steigt das Kosten-Ertrag-Verhältnis auf 1,1 bis 1,6.

Auf der Insel Utila, die sich vor der honduranischen Karibikküste erhebt, leben drei Großleguane (*I. iguana, Ctenosaura bakeri, C. similis*), die durch die übermäßige Bejagung durch den Menschen an den Rand der Ausrottung gebracht worden sind. Seit 1994 bemühen sich Naturschützer und Wissenschaftler im Rahmen des von mir geleiteten „Forschungs- und Schutzprojektes Utila-Schwarzleguan" um den Erhalt der Leguane auf Utila. In der „Forschungs- und Zuchtstation für Leguane" werden auf Utila seit Anfang 1998 Grüne Leguane (*I. iguana*) und Utila-Leguane (*C. bakeri*) vermehrt und die Nachkommen ausgewildert. Neben der planmäßigen Vermehrung dieser Leguane auf Utila stehen Aufklärungsarbeit, Durchsetzung des Jagdverbotes durch eigene Präsenz sowie mit Hilfe von Wildhütern, Erfassung und Erforschung der Herpetofauna Utilas sowie die Schaffung und Unterhaltung von Schutzgebieten im Vordergrund der Projektarbeit. Jeder Leguanfreund kann einen Beitrag zur Erhaltung bedrohter Leguanarten leisten. Interessenten können sich an die DGHT-Geschäftsstelle (s. S. 160) wenden.

12. Danksagung

Viele Leguanfreunde haben mich dankenswerterweise großzügig unterstützt, indem sie mir ihre Erfahrungen sowie unveröffentlichte Aufzeichnungen und Fotos für dieses Buch zur Verfügung stellten.

Mein besonderer Dank gilt meiner Frau ELKE KÖHLER sowie meinen Eltern, SIGRID und GEROLD KÖHLER, und meinen Schwiegereltern, INGRID und DIETER SCHLAGEHAN, die mich bei meinen Bemühungen in der Reptilienpflege und -zucht immer unterstützt haben.

Bei ALFRED A. SCHMIDT, Frankfurt am Main, und GÖTZ BURRÉ, Thansau, bedanke ich mich herzlich für die Anregungen und die kritische Durchsicht des Manuskripts. PETER BERBALK, Ziesau; TOBIAS EISENBERG, Rodenbach; JIRÍ GÁBRIS, A-Wien; RICHARD C. GIBSON, The Jersey Wildlife Preservation Trust, Channel Islands; MATÍAS GRIEBEL, Lima, Peru; WIM VAN DE HEUVEL, NL-Grave; CAROLINE KEMMETTER, Erpfting; BERTHOLD KROKER, Rainau; BERT LECHNER, Eschelbronn; STEFAN LENHART, Queidersbach; WOUTER VAN MARKEN LICHTENBELT, NL-Maastricht; THOMAS MARTIN, Nürnberg; RAINER MONKENBUSCH, Gütersloh; Dr. JOHANNES PICHLER, Neustadt; MICHAEL SCHARDT, Pohlheim; Prof. Dr. E. WEISS, Institut für Veterinärpathologie der Universität Gießen; LEO WIJFFELS, NL-Enkhuizen, haben mir dankenswerterweise Fotomaterial zur Verfügung gestellt.

Bei SABINE und CHRISTIAN FURTWÄNGLER, Tengen, bedanke ich mich für die Zeichnungen zum Thema Terrarienbau.

13. Literaturverzeichnis

ALBERTS, A.C. (1990): Chemical properties of femoral gland secretions in the desert iguana, *Dipsosaurus dorsalis*. - J. Chem. Ecol. **16**: 13-25.

ALBERTS, A.C. (1991): Phylogenetic and adaptive variation in lizard femoral gland secretions. - Copeia **1991**: 69-79.

ALBERTS, A.C. (1992): Chemical and behavioral studies of femoral gland secretions in iguanid lizards. - Brain Behav. Evol. **41**: 255-260.

ALBERTS, A.C., L.A. JACKINTELL & J.A. PHILLIPS (1994): Effects of chemical and visual exposure to adults on growth, hormones, and behavior of juvenile Green iguanas. - Physiology & Behavior **55** (6): 987-992.

ALBERTS, A.C., N.C. PRATT & J.A. PHILLIPS (1992a): Seasonal productivity of lizard femoral glands: Relationship to social dominance and androgen levels. - Physiology & Behavior **51**: 729-733.

ALBERTS, A.C., T.R. SHARP, D.I. WERNER & P.J. WELDON (1992b): Seasonal variation of lipids in femoral gland secretions of male green iguanas (*Iguana iguana*). - J. Chem. Ecol. **18** (5): 703-712.

ALBERTS, A.C. & D.I. WERNER (1993): Chemical recognition of unfamiliar conspecifics by green iguanas: functional significance of different signal components. - Anim. Behav. **46**: 197-199.

ALVARADO, J., L. IBARRA, I. SUAZO, G. RODRÍGUEZ & R. ZAMORA (1995): Reproductive characteristics of a green iguana (*Iguana iguana*) population of the west coast of Mexico. - Southwest. Nat. **40** (2): 234-237.

AMARAL, A. (1937): Herpetological collection from Central Brazil. - Compte Rendus XIIe. Congrès Intern. Zool.-Lisbonne 1935: 1720-1732.

Anonymus (1991): Green Iguana. - In: Microlivestock. Little-known small animals with a promising economic future: 347-353.

APEREN, W. VAN (1969): Notes on the artificial hatching of Iguana eggs. - Int. Zoo Yb. **9**: 44-45.

AVILA-PIRES, T.C.S. (1995): Lizards of Brazilian Amazonia (Reptilia: Squamata). - Zool. Verhandelingen, Leiden, **299**: 1-706.

BAER, D.J. (1994): The nutrition of herbivorous reptiles. In: MURPHY, J.B., K. ADLER & J.T. COLLINS (Hrsg.): Captive management and conservation of amphibians and reptiles. - SSAR Contributions to Herpetology, Ithaca, New York, **11**: 83-90.

BAGH, S. VAN (1962): Die Zucht des Grünen Leguans (*Iguana iguana iguana*) im hohen Norden. - D. Aquar. Terrar. Zschr. **15** (8): 244-247.

BAKHUIS, W.L. (1982): Size and sexual differentiation in the lizard *Iguana iguana* on a semi-arid island. - J. Herpetol. **16** (3): 322-325.

BANKS, C. B. (1984): Reproductive history of a colony of captive common iguanas (*Iguana iguana*). - Acta zool. Path. Antverp. **78**: 101-114.

BEEBE, W. (1944): Field notes on the lizards of Kartabo, British Guiana and caripito, Venezuela. Part 2. Iguanidae. - Zoologica **29** (14): 195-216.

BENDON, J. (1997): A delicate situation: *Iguana delicatissima* at the Jersey Wildlife Preservation Trust. - Iguana Times, Big Pine Key, Florida, **6** (2): 36-27.

BOCK, B.C. (1984): Movement patterns relative to nesting site locations in a Population of green iguanas (Iguana iguana) in Panama. - PhD. Diss. Univ. Tennessee, Knoxville.

BOCK, B.C. & G.F. MCCRACKEN (1988): Genetic structure and variability in the green iguana (*Iguana iguana*). - J. Herpetol. **22** (3): 316-322.

Bock, B.C., A.S. Rand & G.M. Burghardt (1985): Seasonal migration and nesting site fidelity in the green iguana. - In: M.A. Rankin (Hrsg.): Migration: Mechanisms and adaptiv significance. Univ. Texas Marine Sei. Institute, Port Aransas, Texas: 435-443.

Bodri, M.S. (1992): El manejo de la iguana verde: a look at Dr. Dagmar Werner´s breeding project. - Vivarium, Lakeside, 3 (5): 7-9.

Böhme, W. (1990): Buchbesprechung. - Zschr. zool. Syst. Evol.forsch. 28 (4): 315-316.

Boonman, J. (1993): Enkele opmerkingen over de Mexicaanse Groene leguaan (Iguana iguana rhinolopha). - Lacerta 51 (6): 162-165.

Bosch, H. (1987): Vergleichende experimentelle Untersuchungen zur Biologie der Pentastomidengattung Raillietiella (Cephalobaenida) und Elenia (Porocephalida) unter Berücksichtigung der Erforschungsgeschichte der Pentastomiden. - Diss. Univ. Hohenheim 1987: 233 S.

Braunwalder, M.E. (1979): Über eine erfolgreiche Zeitigung von Eiern des Grünen Leguans, Iguana iguana, und die damit verbundene Problematik. Salamandra 15 (4): 185-210.

Brice, S. (1995): A review of feeding and lighting requirements for captive herbivorous lizards: Cyclura and Iguana. - Dodo, J. Wildl. Preserv. Trust 31: 120-139.

Broer, W. & H.G. Horn (1985): Erfahrungen bei Verwendung eines Motorbrüters zur Zeitigung von Reptilieneiern. - Salamandra 21 (4): 304-310.

Burghardt, G.M., B.A. Allen & H. Frank (1986): Exploratory tongueficking by green iguanas in laboratory and field. - In: Duvall, Müller-Schwarze & Silverstein (Hrsg.): Chemical Signals in Vertebrates Vol. 4. - Plenum Press, New York, S. 305-321.

Burghardt, G.M., H.W. Greene & A.S. Rand (1977): Social behavior in hatchling green iguanas: life at a reptile rookery. - Science 195: 689-691.

Burghardt, G.M. & A.S. Rand (1982): Iguanas of the world. - Noyes Publications, Park Ridge, NJ.: 472 S.

Burghardt, G.M. & A.S. Rand (1985): Group size and growth rate in hatchling green iguanas (Iguana iguana). - Behav. Ecol. Sociobiol. 18: 101-104.

Calgua, A. (1996): Erfahrungen bei der Zucht des Grünen Leguans. - IGUANA-Rundschreiben 9 (16): 25-28.

Carey, W.M. (1972): Some notable longevity records for captive iguanas. Int. Zoo Yb. 12: 154-156.

Cooke, R.G. (1981): Los hábitos alimentarios de los indígenas precolombinos de Panamá. - Rev. Med. De Panamá 6: 65-89.

Cunha, O.R. (1981): Lacertílios de Amazônia. VII. Lagartos de região norte do Território Federal de Roraima, Brazil (Lacertilia; Gekkonidae, Iguanidae, Scincidae e Teiidae). - Bol. Mus. Par. E. Goeldi, Zool. 107: 1-25.

Dämmrich, K. & H. Loppnow (1990): Stoffwechselstörungen. - In: Stünzi, H. & E. Weiss (Hrsg.): Allgemeine Pathologie für Tierärzte und Studierende der Tiermedizin, 8. Aufl. Berlin (Verlag Paul Parey): 64-153.

Day, M. & R. Thorpe (1992): The Lesser Antillean Iguana, Iguana delicatissima, on St. Barthélemy. - Herpetofauna News 2 (6): 11.

Dedekind, K. (1977): Beobachtungen beim Schlupf und bei der Aufzucht eines Grünen Leguans, Iguana iguana, im Tierpark Berlin. - Zool. Garten N.F. 47 (6): 413-418.

Denzer, W. (1985): Die Herpetofauna Südfloridas, Teil 1, Die disjunkten Populationen tropischer Reptilien und Amphibien im Süden Floridas. - Sauria, Berlin, 7 (2):5-10.

Devender, R.W. van (1982): Growth and ecology of spiny-tailed and green iguanas in Costa Rica, with comments on the evolution of herbivory and body size. - In: Burghardt, G.M. & A.S. Rand (Hrsg.): Iguanas of the world: 162-183.

Distel, H. & J. Veazey (1982): The behavioral inventory of the green iguana, Iguana iguana. - In: Burghardt & Rand (Hrsg.): Iguanas of the world: 252-270.

DIVERS, S.J. (1995): The green iguana (*Iguana iguana*): a guide to successful captive management. - Brit. Herpetol. Soc. Bull. 51: 7-26.

DONOSO-BARROS, R (1968): The lizards of Venezuela (Checklist and Key). - Carib. J. Sci. **8** (3-4): 105-122.

DRUMMOND, H. & G.M. BURGHARDT (1982): Orientation in dispersing hatchling green iguanas, *Iguana iguana*. - In: BURGHARDT, G.M. & A.S. RAND (Hrsg.):Iguanas of the world: 271-291.

DRUMMOND, H. & G.M. BURGHARDT (1983): Nocturnal and diurnal nest emergence in green iguanas. - J. Herpetol. **17** (2): 290-292.

DUGAN, B.A. (1981): A field study of the social structure, mating system and display behavior of the green iguana. Diss. abstr. int. (B) **41** (9): 3620.

DUGAN, B.A. (1982a): A field study of the headbob displays of male green iguanas (*Iguana iguana*): variation in form and context. - Anim. Behav. **30**: 327-338.

DUGAN, B.A. (1982b): The mating behavior of the green iguana, *Iguana iguana*. - In: Burghardt & Rand (Hrsg.): Iguanas of the world: 320-341.

DUNN, E.R. (1934): Notes on *Iguana*. - Copeia **1934**: 1-4.

ENDERLEIN, R. (1963): Freilandhaltung und Zucht des Grünen Leguans, *Iguana iguana*, in Schweden. - Zool. Garten N.F. **28** (1): 1-7.

ETHERIDGE, R.E. (1982): Checklist of the iguanine and Malagasy iguanid lizards. - In: Burghardt & Rand (Hrsg.): Iguanas of the world: 7-37.

ETHERIDGE, R. & K. DE QUEIROZ (1988): A phylogeny of Iguanidae. S. 283-367 in ESTES, R. & G. PREGILL (Hrsg.): Phylogenetic relationships of the lizard families. - Stanford, Kalifornien (Stanford Univ. Press).

FITCH, H.S. (1973): A field study of Costa Rican lizards. - Univ. Kansas Sci. Bull., Lawrence, **50**: 39-126.

FITCH, H.S. & R.W. HENDERSON (1977): Age and sex differences, reproduction and Conservation of *Iguana iguana*. - Milwaukee Public Mus. Contr. Biol. Geol. **13**: 1-21.

FITCH, H.S., R.W. HENDERSON & D.M. HILLIS (1982): Exploitation of iguanas in Central America. - In: BURGHARDT, G.M. & A.S. RAND (Hrsg.): Iguanas of the world: 397-417

FLOWER, S.S. (1937): Further notes on duration of life in animals. III. Reptiles. - Proc. zool. Soc. London 1937 (A): 1-39.

FRANK, W. (1978): Blutharnsäurewerte und viszerale Gicht bei Reptilien. Prakt. Tierarzt 59: 115-121.

FROST, D.R. & R. ETHERIDGE (1989): A phylogenetic analysis and taxonomy of iguanian lizards (Reptilia: Squamata). - Univ. Kansas Mus. Nat. Hist. Misc. Publ., Lawrence, **81**: 1-65.

FRYE, F.L. (1981): Biomedical and surgical aspects of captive reptile husbandry. - Edwardsville (Kansas) (Vet. Med. Publ. Comp.), 456 S.

FRYE, F.L., D.R. MADER & B.V. CENTOFANTI (1991): Interspecific (lizard:human) sexual aggression in captive iguanas (*Iguana iguana*): A preliminary compilation of eighteen cases. - Bull. Assoc. Amphib. Rept. Vet. **1** (1): 4-6.

FUHRI, C. (1996): Successful treatment of fungal-infected iguana eggs. - Iguana Times **5** (1): 21.

FUHRI, J. (1997): Searching for *Iguana delicatissima*. - Iguana Times **6** (3): 51-56.

GÁBRIS, J. (1993): Einige Anmerkungen zur Verbreitung von *Iguana iguana rhinolopha* an der pazifischen Küste in Mexico. - IGUANA-Rundschreiben 6 (12): 25-27.

GASC, J.P. (1990): Les Lezards de Guyane. - Paris (Chabaud): 76 S.

GASC, J.P., A. LAGERON & J. SCHLUMBERGER (1969): Morphologie, histologie et histochimie des glandes femorales chez un individu male de *Ctenosaura acanthura* (SHAW) (Reptilia, Sauria, Iguanidae), suivi de réflexion sur le role des glandes fémorales chez les Lézards. - Morphol. Jahrb. **114**: 572-590.

GEHRMANN, W.H. (1994a): Light requirements of captive amphibians and reptiles. In: MURPHY, J.B., K. ADLER & J.T. COLLINS (Hrsg.): Captive management and conservation of amphibians and reptiles. - SSAR Contributions to Herpetology, Ithaca, New York, **11**: 53-59.

GEHRMANN, W.H. (1987): Ultraviolet irradiances of various lamps used in animal husbandry. - Zoo. Biol. **6**: 117-127.

GEHRMANN, W.H. (1994b): Spectral characteristics of lamps commonly used in herpetoculture. - Vivarium, Lakeside, **5** (5): 16-21, 29.

GIBSON, R.C. (1997): [letter to the editor]. - Iguana Times **6** (3): 67.

GORE, R. (1976): Florida, Noah's Ark for exotic newcomers. - Natl. Geogr. Mag. **150**: 538-559.

GREENE, H.W., G.M. BURGHARDT, B.A. DUGAN & A.S. RAND (1978): Predation and defensive behavior of green iguanas. - J. Herpetol. **12** (2): 169-176.

GRIFFIN, L.E. (1917): A list of the South American Lizards of the Carnegie Museum, with descriptions of four new species. - Ann. Carnegie Mus. **11**: 304-320.

GROß, R. (1989): Vermeintliche Trächtigkeit bei *Iguana iguana*. - IGUANA-Rundschreiben, Hanau, **1989** (4): 15-16.

GRZIMEK, B. (Hrsg.) (1971): Grzimeks Tierleben. Band 6. Kriechtiere. - Zürich (Kindler Verlag).

HARRIS, D.M. (1982): The phenology, growth, and survival of the green iguana, *Iguana iguana,* in northern Columbia. - In: BURGHARDT, G.M. & A.S. RAND (Hrsg.): Iguanas of the world: 150-161.

HATFIELD, J.W. (1997): Methods for dealing with aggression in adult green iguanas. - Vivarium, Lakeside, **9** (1): 17-18.

HAZLETT, B.A. (1980): Temporal pattern of the assertion display of the lizard *Iguana iguana*. - Herpetologica **36** (3): 221-224.

HENDERSON, R.W. (1974): Aspects of the ecology of the juvenile common iguana (*Iguana iguana*). - Herpetologica **30** (4): 327-332.

HENDERSON, R.W. & H.S. FITCH (1978): Dragons: 25 c/lb . - Animal Kingdom **81** (1): l2-17.

HIRTH, H.F. (1963): Some aspects of the natural history of *Iguana iguana* on a tropical strand. - Ecology 44 (3): 613-615.

HOOGMOED, M.S. (1973): Notes on the herpetofauna of Surinam. IV. The lizards and amphisbaenians of Surinam. - Biogeographica **4**: 1-419.

HOOGMOED, M.S. & J. LESCURE (1975): An annotated checklist of the lizards of French Guiana, mainly based on two recent collections. - Zool. Meded **49** (13): 141-171.

HOWARD, C.L. (1980): Notes on the maintenance and breeding of the common iguana (*Iguana iguana iguana*) at Twycross Zoo. - In: TOWNSON, S. et al. (Hrsg.): The care and breeding of captive reptiles, The Brit. Herp. Soc., London 1980: 47-50.

HUN, E. (1972): Erfolgreiche Zucht des Grünen Leguans, *Iguana iguana*. Salamandra **8** (2): 101.

IVERSON, J.B. (1982): Adaptions to herbivory in Iguanine lizards. - In: BURGHARDT, G.M. & A.S. RAND (Hrsg.): Iguanas of the world: 60-76.

KAAL, J.W. (1984): Ervaringen met verzogin en kweek van de groene leguaan (*Iguana iguana*). - Lacerta, Leiden, **42** (6):113-115

KING, F.W. & T. KRAKAUER (1966): The exotic herpetofauna of southeast Florida. - Q. J. Fla. Acad. Sci. **29**: 144-154.

KLÁTIL, L. (1993): Odchov Leguánu zelených v Zoo Lesná. - Akvarium Terarium 36 (2): 21-23.

KÖHLER, G. (1988a): Der kleine Tip: Frischfutter aus dem »Bio-Snacky«. - Sauria, Berlin, **10** (1): 24.

KÖHLER, G. (1988b): *Iguana iguana*. Amph.-/Rept.-Kartei, Beilage in Sauria, Berlin, **10** (3):115-118.

KÖHLER, G. (1988c): Die Zucht des Grünen Leguans in Gefangenschaft. IGUANA-Rundschreiben, Hanau, **1** (2): 19-29.

KÖHLER, G. (1989a): Lebensweise, Haltung und Nachzucht von *Tupinambis teguixin* (LINNAEUS, 1758) (Sauria: TeiidaeVivarium, Lakeside, - Salamandra **25** (1): 25-38.

KÖHLER, G. (1989b): Behandlung eines ventral im Rachen gelegenen Abszesses beim Grünen Leguan. - IGUANA-Rundschreiben, Hanau, **2** (1):18-19.

KÖHLER, G. (1989c): Zur Desinfektion in Terrarien. - IGUANA-Rundschreiben, Hanau, **2** (2/3): 7.

KÖHLER, G. (1989d): Anmerkungen zu *Enyaliosaurus quinquecarinatus*. Sauria, Berlin, **11** (3): 21-22.

KÖHLER, G. (1990a): Das Wachstum des Grünen Leguans (*Iguana iguana*) in den ersten 18 Lebensmonaten. IGUANA-Rundschreiben, Hanau, **3** (1): 14-19.

KÖHLER, G. (1990b): Pflege und Nachzucht der Felsenschildechse *Gerrhosaurus validus* (SMITH 1849). - Sauria, Berlin, **12** (4): 27-29.

KÖHLER, G. (1991a): Gleichgeschlechtliches Verhalten bei *Iguana iguana*. - IGUANA-Rundschreiben, Hanau, **4** (1): 5-7.

KÖHLER, G. (1991b): Zur Lebenserwartung des Grünen Leguans, *Iguana iguana*. - IGUANA-Rundschreiben, Hanau, **4** (1): 11-12.

KÖHLER, G. (1992a): Artgerechte Ernährung und ernährungsbedingte Erkrankungen des Grünen Leguans, *Iguana iguana* (LINNAEUS 1758). - Sauria, Berlin, **14** (1): 3-8.

KÖHLER, G. (1992b): Die Bedeutung von *Entamoeba invadens* bei der Vergesellschaftung von Echsen oder Schlangen mit Schildkröten. - Sauria, Berlin, **14** (4): 31-34.

KÖHLER, G. (1993): Der Grüne Leguan 2. Aufl. - Offenbach (Herpeton): 115 S.

KÖHLER, G. (1996a): Haltungsfehler bei Grünen Leguanen. - DATZ, Stuttgart, **49** (2): 99-102.

KÖHLER, G. (1996b): Krankheiten der Amphibien und Reptilien. - Stuttgart (Ulmer): 168 S.

KÖHLER, G. (1997a): Inkubation von Reptilieneiern. - Offenbach (Herpeton): 205 S.

KÖHLER, G. (1997b): Zur Eiablage von Großleguanen in der Natur und im Terrarium. - IGUANA Rundschreiben, Offenbach, **10** (17): 32-36.

KÖHLER, G. (im Druck): Schutz- und Forschungsprojekt Utila-Schwarzleguan: Die Nachzucht von *Ctenosaura bakeri* STEJNEGER, 1901 im ex-situ-Zuchtprogramm. - Salamandra.

KROKER, B. (1995): Erfolgreiche Nachzucht von 71 Grünen Leguanen. - IGUANA-Rundschreiben **8** (15): 30-33.

KROKER, B. (1996): Zeitigung von Eiern des Grünen Leguans bei niedrigen Inkubationstemperaturen. - IGUANA-Rundschreiben **9** (16): 16-22.

KROKER, B. (1997): Geschlechtsreife bei Nachzuchttieren von *Iguana iguana*. - IGUANA-Rundschreiben **10** (17): 29-31.

LAZELL, J.D. jr. (1973): The lizard genus *Iguana* in the Lesser Antilles. - Bull. Mus. comp. Zool. **145** (1): 1-28.

LAZELL, J.D. (1992): The family Iguanidae: Disagreement with FROST and ETHERIDGE (1989). - Herp. Review **23** (4):109-112.

LEE, J.C. (1996): The amphibians and reptiles of the Yucatán Peninsula. - Ithaca & London (Cornell Univ. Press): 500 S.

LICHT, P. & W.R. MORBERLY (1965): Thermal requirements for embryonic development in the tropical lizard *Iguana iguana*. - Copeia **1965** (4): 515-517.

LORENZ, R. (1995): Bemerkungen zur Zucht von *Iguana iguana rhinolopha*. - IGUANA-Rundschreiben **8** (14): 26-29.

MARKEN LICHTENBELT, W.D. VAN (1992): Digestion in an ectothermic herbivore, the green iguana (*Iguana iguana*): effect of food composition and body temperature. - Physiol Zool. **65**: 649-673.

MARKEN LICHTENBELT, W.D. VAN (1993): Optimal foraging of a herbivorous lizard, the green iguana in a seasonal environment. - Oecologia **95**: 246-256.

MARKEN LICHTENBELT, W.D. VAN & K.B. ALBERS (1993): Reproductive Adaptations of the Green iguana on a semiarid island. - Copeia **1993** (3): 790-798.

MARTENS, H., M. MÜLLER-BOGE & F. BÖHMER (1997a): Die neue EU-Artenschutzverordnung ab 1. Juni 1997 - Informationen für Terrarianer. - Elaphe N.F., Rheinbach, **5** (2): 43-45.

MARTENS, H., M. MÜLLER-BOGE & P. BOYE (1997b): Die geänderte Bundesartenschutzverordnung seit 14. Juni 1997 - Informationen für Terrarianer. - Elaphe N.F., Rheinbach, **5** (3): 26-27.

MARTINS, M (1991): The lizards of Balbina, Central Amazonia, Brazil: a qualitative analisis of resource utilization. - Stud. Neotrop. Fauna Environm. **26** (3): 179-190.

MATTHEY, R. (1929): Caracteres sexuels secondaires du Lézard male. - Bull. Soc. Vaud. Sci. Nat. **57**: 71-81.

McBEE, R.H. & V.H. McBEE (1982): The hindgut fermentation in the green. iguana. - In: BURGHARDT, G.M. & A.S. RAND (Hrsg.): Iguanas of the world: 77-83.

McGINNES, S.M. & C.W. BROWN (1966): Thermal behavior of the green iguana, *Iguana iguana.* - Herpetologica **22** (3): 189-199.

MEEDE, U. (1984): Herpetologische Studien über Echsen (Sauria) in einem begrenztem Gebiet des tropischen Regenwaldes in Peru: morphologische Kriterien, Autökologie und Zoogeographie. - Diss. Univ. Hamburg: 189 S.

MENDELSSOHN, H. (1980): Observations on a captive colony of *Iguana iguana.* - SSAR Contributions to Herpetology No. **1**: 119-123.

MERITT, D.A. (1981): The green iguana, *Iguana iguana*: Behavioral observations and natural history. - Bull. Chicago Herpet. Soc. **16** (3): 59-64.

MERTENS, R. (1952): Die Amphibien und Reptilien von El Salvador. - Abh. senckenb. naturf. Ges. **487**: 1-120.

MILLER, T.J. (1987): Artificial incubation of eggs of the green iguana (*Iguana iguana*). - Zoo. Biology **6**: 225-236.

MONTGOMERY, G.G., A.S. RAND & M.E. SUNQUIST (1973): Post-nesting movements of iguanas from a nesting aggregation. - Copeia **1973** (3): 620-622.

MORA, J.M. (1987): Predation by *Loxocemus bicolor* on the eggs of *Ctenosaura similis* and *Iguana iguana.* - J. Herpetol. **21** (4): 334-335.

MÜLLER, M.J. (1996): Handbuch ausgewählter Klimastationen der Erde. 5. Aufl. - Trier (Forschungsstelle Bodenerosion der Universität Trier): 400 S.

MÜLLER, P. (1968): Herpetologische Reiseeindrükke aus Brasilien. - Salamandra, Frankfurt a.M., **7** (1): 9-30.

MÜLLER, V.H. (1968): Untersuchungen über Wachstum und Altersverteilung einer Population des Grünen Leguans, *Iguana iguana iguana.* - Mitt. Inst. Colombo-Aleman Invest. Cient. **2**: 57-65.

MÜLLER, V.H. (1972): Ökologische und ethologische Studien an *Iguana iguana* in Kolumbien. - Zool. Beitr. **18**: 109-131.

MEYER, J.R. & L.D. WILSON (1973): A distributional checklist of the Turtles, Crocodilians, and Lizards of Honduras. - Contrib. Sci. Nat. Hist. Mus. Los Angeles County **244**: 23-25.

NAGY, K.A. (1982): Energy requirements of free-living iguanid lizards. In: Burghardt & Rand (Hrsg.): Iguanas of the world: 49-59.

NATIONS, J.D. & D. KOMER (1983): Central America´s tropical rainforests: Positive steps for survival. - Ambio **12**: 231-238.

NORELL, M.A. & K. DE QUEIROZ (1991): The earliest Iguanine lizard (Reptilia: Squamata) and its bearing on Iguanine phylogeny. - Am. Mus. Nov. **2997**: 1-16.

OLDHAM, J.C. & H.M. SMITH (1975): Laboratory Anatomy of the Iguana. - WCB Publ. (Dubuque, Iowa): 105 S.

PACKARD, J.D., J.A. PHILLIPS & G.C. PACKARD (1992): Sources of mineral for green iguanas (*Iguana iguana*) developing in eggs exposed to different hydric environments. - Copeia **1992** (3): 851-858.

PADOA, E. (1933): Ricerche sperimentali sui porti femorali e sull'epididimo della lucertola (*Lacerta muralis* LAUR.) considerati come caratteri sessuali secondari. - Arch. Ital. Anat. Embriol. **31**: 205-252.

PALLASKE, G. (1961): Gefäßwandveränderungen bei D-Hypervitaminose eines Leguans. - Berl. Münchn. tierärztl. Wochenschr. **74**: 132.

PARKER, H.W (1935): The frogs, lizards, and snakes of British Guiana. - Proc. Zool. Soc. London **1935** (3): 505-530.

PETZOLD, H.-G. (1982): Aufgaben und Probleme bei der Erforschung der Lebendäußerungen der Niederen Amnioten (Reptilien). - Milu, Berlin, **5**, (4/5): 485-786.

PETZOLD, H.-G. (1984): Die Anakondas. - Die Neue Brehm-Bücherei, A. Ziemsen Verlag, Witten Lutherstadt, 2. Auflage, 142 S.

PHILLIPS, J.A., N. ALEXANDER, W.B. KARESH, R. MILLAR & B.L. LASLEY (1985): Stimulating male sexual behaviour with repetitive pulses of gonadotropin releasing hormone in female green iguanas. - J. Exp. Zool. **234** (3): 481-484.

PHILLIPS, J.A., A. GAREL, G.C. PACKARD & M.J. PACKARD (1990): Influence of moisture and temperature on eggs and embryos of green iguanas (*Iguana iguana*). - Herpetologica **46** (2): 238-245.

PRATT, N.C., J.A. PHILLIPS, A.C. ALBERTS & K.S. BOLDA (1994): Functional versus physiological puberty: an analysis of sexual bimaturism in the green iguana, *Iguana iguana*. - Anim. Behav. **47**: 1101-1114.

QUEIROZ, K. DE (1987): Phylogenetic systematics of iguanine lizards: a comparative osteological study. - Univ. California Publ. Zool. **118**: 1-203.

RAND, A.S. (1968a): A nesting aggregation of iguanas. - Copeia **1968**: 552-561.

RAND, A.S. (1968b): Desiccation rates in crocodile and iguana eggs. - Herpetologica **24** (2): 178-180.

RAND, A.S. (1972): The temperature of iguana nests and their relation to incubation optima and to nesting sites and season. - Herpetologica **28**: 252-253.

RAND, A.S. & B.A. Dugan (1980): Iguana egg mortality within the nest. - Copeia **1980** (3): 531-534.

RAND, A.S. (1984): Clutch size in *Iguana iguana* in central Panama. - In: SIEGEL, R.A., L.E. HUNT, J.L. KNIGHT, L. MALARET & N.L. ZUSCHLAG (Hrsg.): Vertebrate Ecology and Systematics. - Lawrance, Kansas (University of Kansas Museum of Natural History): 115-122.

RAND, A.S. & B.C. BOCK (1992): Size variation, growth and survivorship in nesting green iguanas (*Iguana iguana*) in Panama. - Amphibia-Reptilia, Leiden, **13**: 147-156.

RAND, A.S. & B.A. DUGAN (1983): Structure of complex iguana nests. Copeia **1983** (3): 705-711.

RAND, A.S., B.A. DUGAN, H. MONTEZA & D. VIRANDA (1990): The diet of a generalized folivore: *Iguana iguana* in Panama. - J. Herpetol., Athens (Ohio), **24** (2):211-214.

RAND, A.S. & H.W. GREENE (1982): Latitude and climate in the phenology of reproduction in the green iguana, *Iguana iguana*. - In: BURGHARDT, G.M. & A.S. RAND (Hrsg.): Iguanas of the world: 142-149.

RAND, A.S. & W.M. RAND (1978): Display ans dispute settlement in nesting iguanas. - In: GREENBERG & MACLEAN (Hrsg.): Behavior and Neurology of Lizards. U.S. Dep. Hlth & Human Services (Rockville, Maryland): 245-251.

RAND, A.S. & M.H. ROBINSON (1969): Predation on iguana nests. - Herpetologica **25** (3): 172-174.

RAND, W.M. & A.S. RAND (1976): Agonistic behaviour in nesting iguanas: a stochastic analysis of dispute settlement dominated by the minimization of energy cost. - Z. Tierpsychologie **40**: 279-299.

REGAMEY, J. (1935): Les charateres sexuels du lézard (*Lacerta agilis* L.) - Rev. Suisse Zool. **42**: 87 168.

RENSCH, B. & C. ADRIAN-HINSBERG (1963): Die visuelle Lernkapazität von Leguanen. - Z. Tierpsychologie **20**: 34-42.

RICKLEFFS, R.E. & J. CULLEN (1973): Embryonic growth of the green iguana, *Iguana iguana*. - Copeia **1973** (2): 296-305.

RIVAS, J.A. & T.M. ÁVILA (1996): Sex identification in juvenile green iguanas (*Iguana iguana*) ny cloacal analysis. - Copeia **1996** (1): 219-221.

RODDA, G.H. (1990): Highway madness revisted: roadkilled *Iguana iguana* in the Llanos of Venezuela. - J. Herpetol. **24** (2): 209-211.

RODDA, G.H. (1991): Sexing *Iguana iguana*. - Bull. Chicago Herp. Soc. **26**: 173-175.

RODDA, G.H. (1992): The mating behavior of *Iguana iguana*. - Smithson. Contrib. Zool. **534**: 1-40.

RODDA, G.H. & G.M. BURGHARDT (1985): Life history notes: *Iguana iguana* (Green Iguana). Terrestriality. - Herp. Review **16** (4): 112.

RODDA, G.H. & A. GRAJAL (1990): The nesting behavior of the green iguana, *Iguana iguana,* in the Llanos of Venezuela. - Amphibia-Reptilia **11**: 31-39.

ROGERS, K.L. (1997): *Iguana iguana* (Green Iguana). Longevity. - Herp. Review **28** (4): 203.

ROON, H.D. VAN (1976): Verzorging en voortplanting von de groene leguaan *Iguana iguana* in gevangenschap. - Lacerta, Leiden, **34** (6/7): 71-77.

RUTSCHKE, J. (1994): Haltung und Zucht der Äskulapnatter *Elaphe longissima* (LAURENTI, 1768). - Herpetofauna, Weinstadt, **16** (89): 14-24.

SCHARDT, M. (1993): Die Zucht des Grünen Leguans *Iguana iguana* in der F2-Generation. - IGUANA-Rundschreiben **6** (11): 21-27.

SCHARDT, M. (1996): Zucht und Aufzucht des Grünen Leguans, *Iguana iguana rhinolopha* (WIEGMANN, 1898). - Herpetofauna, Weinstadt, **18** (101): 5-10.

SCHLAGEHAN, D. (1996): Futtergefäße für pflanzenfressende Echsen. - DATZ, Stuttgart, **49** (4): 267.

SCHMIDT, K.P. & R.F. INGER (1951): Amphibians and reptiles of the Hopkins-Branner Expedition. - Fieldiana, Zool. **31** (42): 439-465.

SCHUCHMANN, S,M. & D. TAYLOR (1970): Arteriosclerosis in an iguana (*Iguana iguana*). - J. Am. Vet. Med. Ass. **157**: 614-616.

SCHWARTZ, A. & R.W. HENDERSON (1985): A guide to the identification of the amphibians and reptiles of the West Indies exclusive of Hispaniola. - Milwaukee (Milwaukee Publ. Mus.): 165 S.

SOCORRO LARA-LÓPEZ, M. DEL & A. GONZÁLES-ROMERO (1996): Observaciones sobre dos nidos de iguana verde (*Iguana iguana*) en "La Mancha", Veracruz. - Acta Zool. Mex. (n.s.) **68**: 61-65.

STILING, P. (1989): Exotics - biological invasions. - Fla. Wildl. **43** (5): 13-16.

STILL, J. & L. BERÜNEK (1984): Calcification in green iguanas (*Iguana iguana*). - Verh.ber. Int. Symp. Erkrg. Zootiere **26**: 321-324.

SÜß, R. (1997): Erfahrungen bei der Haltung und Zucht des Grünen Leguans. - IGUANA-Rundschreiben **10** (17): 37-40.

SWANSON, P.L. (1950): The iguana, *Iguana iguana iguana*. - Herpetologica **6**:187-193.

TEST, F.H., O.J. SEXTON & H. HEATWHOLE (1966): Reptiles of Rancho Grande and vicinity, Estado Aragua, Venezuela. - Misc. Publ. Mus. Zool. Univ. Michigan **128**: 1-63.

TRAJANO, E. & A. GHIRINGHELLO (1978): Comparação entre as proporções corporais de *Iguana i. iguana* da região das caatingas e da hiléia amazônica (Sauria, Iguanidae). - Pap. Avulsos Zool. **32** (10): 107-115.

TROYER, K. (1982): Transfer of fermentative microbes between generations in a herbivorous lizard. - Science **216**: 540-542.

TROYER, K. (1983a): Behavioral and physiological adaptations for herbivory in a neotropical lizard, *Iguana iguana*. Diss. abstr. int. (B) **43** (7): 2135.

TROYER, K. (1983b): Posthatching yolk energy in a lizard: utilization pattern and interclutch variation. - Oecologia (Berl.) **58** (3): 340-344.

TROYER, K. (1984a): Diet selection and digestion in *Iguana iguana:* The importance of age and nutritional requirements. - Oecologia, Berlin, **61** (2): 201-207.

TROYER, K. (1984b): Behavioral acquisition of the hindgut fermentation system by hatchling *Iguana iguana*. - Behavioral Ecol. Sociobiol. 14 (3): 189193.

TROYER, K. (1984c): Structure and function of the digestive tract of a herbivorous lizard, *Iguana iguana*. - Physiol. Zool. **57** (1): 1-9.

VANZOLINI, P.E. (1972): Miscellaneous notes on the ecology of some brazilian lizards (Sauria). - Pap. Avulsos Zool. **26** (8): 83-115.

WALLACH, J.D. (1966): Hypervitaminosis D in green iguanas. - J. Am. Vet. Med. Ass. **149** (4): 912-914.

WALLACH, J.D. & C. HOESSLE (1968): Fibrous osteodystrophy in green iguanas. - J. Am. Vet. Med. Ass. **153**: 863-865.

WELDON, P.J., B.S. DUNN, C.A. McDANIEL & D.I. WERNER (1990): Lipids in the femoral gland secretions of the green iguana, *Iguana iguana*. - Biochem. Physiol. 95B: 541-543.

WERNER, D.I. (1988): The effect of varying water Potential on body weight, yolk and fat bodies in neonate green iguanas. - Copeia **1988** (2): 406-411.

WERNER, D.I. (1991): The rational use of Green iguanas. In: ROBINSON, J.G. & K.H. REDFORD (Hrsg.): Neotropical Wildlife Use and Conservation. - Chicago (University of Chicago Press): 181-201.

WERNER, D.I. & T.J. MILLER (1984): artificial nests for female green iguanas. - Herp. Review **15** (2): 57-58.

WERNER, L. (1968): Beobachtungen an Grünen Leguanen. - Aquar. Terr. **15** (1): l8-23.

WESIAK, K. (1996): Zum Bau von Aquaterrarien für großwüchsige Warane. - Sauria, Berlin, **18** (1): 17-25.

WIEWANDT, T.A. (1977): Ecology, behavior, and management of the Mona Island ground iguana, *Cyclura stejnegeri*. - PhD. Diss. Cornell Univ., Ithaca, N.Y.

WIEWANDT, T.A. (1982): Evolution of nesting patterns in iguanine lizards. In: BURGHARDT, G.M. & A.S. RAND (Hrsg.): Iguanas of the world: 119-141.

WIJFFELS, L.C.M. (1997): Een nieuwe ontmoeting met de Antillenleguaan (*Iguana delicatissima*). - Lacerta, Leiden, **55** (3): 124-128.

WIJFFELS, L.C.M. (1976): De Antillenleguaan. - Lacerta, Leiden, **34**: 135-136.

WILSON, L.D. & L. PORRAS (1983): The ecological impact of man on the south Florida herpetofauna - Univ. Kansas Mus. Nat. Hist., Spec. Publ., Lawrence, **9**: 1-89.

ZIMMERMAN, B.L. & M.T. RODRIGUES (1990): Frogs, snakes, and lizards of the INPA-WWF reserves near Manaus, Brazil. In: GENTRY, A.H. (Hrsg.): Four Neotropical Rainforests. - London (Yale Univ. Press): 426-454.

ZUG, G.R. & A.S. RAND (1987): Estimation of age in nesting female *Iguana iguana*: testing skeletochronology in a tropical lizard. - Amphibia-Reptilia **8** (3): 237-250.

ZWART, P. & C.C. VAN DEN WATERING (1969): - Disturbance of bone formation in the common iguana (*iguana iguana*): pathology and etiology. - Acta Zool. et Path. Antverp. **48**: 333-356.

14. Erklärung einiger Fachausdrücke

adult: geschlechtsreif, erwachsen

Allantois: embryonaler Urharnsack

Androgene: Geschlechtshormone

arborikol: auf Bäumen lebend

arid: trocken, niederschlagsarm

Arthritis: Gelenkentzündung

Arthropoden: Gliederfüßler (Insekten, Spinnentiere, Krebstiere)

autochthon: einheimisch, an Ort und Stelle entstanden

Biotop: Lebensraum

bipedal: auf zwei Füßen

carnivor: fleischfressend

caudal: am Schwanz, den Schwanz betreffend

Chorion: äußere Embryonalhülle

Colon: Hauptabschnitt des Dickdarms

diurnal: tagaktiv

dorsal: am Rücken

Exophthalmus: Vordrängung des Auges

extrarenale Elektrolytausscheidung: nierenunabhängige Salzausscheidung

Femoralporen: artspezifisch angeordnete Drüsenöffnungen an der Unterseite der Oberschenkel

Fermentation: Verdauung mit Hilfe von Mikroorganismen

folivor: blattfressend

Geschlechtsdimorphismus: unterschiedliches Aussehen von geschlechtsreifen Männchen und Weibchen

Gingivitis: Zahnfleischentzündung

Habitat: Wohn- oder Standort einer Art

Hämoglobin: Farbstoff der Roten Blutkörperchen

Hemipenes: paariges Kopulationsorgan der Echsen und Schlangen (Einzahl: Hemipenis)

herbivor: pflanzenfressend

i.m.: intramuskulär, in den Muskel infizieren

Inkubation: Erbrüten von Eiern, Zeitigung

juvenil: jugendlich, noch nicht geschlechtsreif

kg KM: Kilogramm Körpermasse

kloakal: in die Kloake

Koprophagie: Fressen von Kot

Kopulation: Paarung

KRL: Kopf-Rumpf-Länge, Entfernung Schnauzenspitze bis Kloake

kryptische Färbung: Farbanpassung an die Umgebung

lateral: an der Seite, seitlich

Letaltemperatur: Temperatur, die für den Organismus tödlich ist

median: in der Mitte

Mikrophthalmie: Augenunterentwicklung

Miozän: Erdgeschichtlicher Zeitabschnitt, ca. 24,0 bis 5,0 Mio. Jahre vor unserer Zeitrechnung

monotypische Art: Art, die nicht in mehrere Unterarten gegliedert wird

Mortalität: Sterblichkeit

Muskelhypertrophie: Vergrößerung der Muskelmasse

olfaktorisch: geruchlich, mit Hilfe des Geruchssinnes

Ovulation: Eisprung

Oxytocin: wehenförderndes Hormon

parenteral: unter Umgehung des Magen-Darm-Kanals

pathologisch: krankhaft

Peritonitis: Bauchfellentzündung

Pheromon: hormonartiger Stoff, der in bestimmten Drüsen gebildet wird und in die Umgebung abgegeben wird. Er löst bei Artgenossen bestimmte Antwortreaktionen aus.

physiologisch: normal, der Gesundheit entsprechend

Pleuroperitonealhöhle: Von Brust- bzw. Bauchfell ausgekleidete einheitliche Leibeshöhle

Pliozän: Erdgeschichtlicher Zeitabschnitt, ca. 5,0 bis 1,8 Mio. Jahre vor unserer Zeitrechnung

Pneumonie: Lungenentzündung

p.o.: per os, oral, ins Maul geben

Prädator: Freßfeind

Purine: aus den Nukleinsäuren des Zellkerns entstandene Verbindungen

Resistenztest: Antibiogramm, Empfindlichkeitsprüfung von Bakterienkulturen gegenüber Antibiotika

Sekret: Absonderung von Drüsen

semiadult: halberwachsen

semiarid: halbtrocken

Sepsis: „Blutvergiftung", Allgemeininfektion mit eiterzeugenden Bakterien

Stomatitis: Mundschleimhautentzündung

sympatrisch: zusammen vorkommend

systemische Antibiose: Gabe von Antibiotika, mit dem Ziel, daß diese mit dem Blut im Körper verteilt werden

Testosteron: männliches Geschlechtshormon

Trachealabstrich: Abstrich von der Luftröhrenöffnung zur bakteriologischen, mykologischen oder parasitologischen Untersuchung

ubiquitär: überall verbreitet

Urogenitaltrakt: zusammenfassende Bezeichnung für Nieren, harnabführende Wege und Geschlechtsorgane

ventral: am Bauch

visuell: mit den Augen, Seh-, sehend

15. Herstellernamen

Amynin®: MERIAL GmbH, Hallbergmoos.

Baygon® Insektenstrip: Bayer AG, Leverkusen.

Betaisodona ® Salbe und Lösung: Mundipharma Vertriebs-GmbH & Co. KG, Limburg (Lahn).

Bio-Snacky®: Biokosma GmbH, Konstanz.

Boviserin: Hoechst Roussel Vet Vertriebs GmbH, Unterschleißheim.

Calcium-Lactat: Caesar & Loretz, Hilden.

Canesten® Creme: Bayer AG, Leverkusen.

Doreperol®: Dr. Rentschler Arzneimittel GmbH & Co., Laupheim.

Exoderil® Creme: Dr. Rentschler Arzneimittel GmbH & Co., Laupheim.

Fluxacur®: Hoechst Roussel Vet Vertriebs GmbH, Unterschleißheim.

Korvimin® ZVT: Wirtschaftsgenossenschaft Deutscher Tierärzte, Hannover.

Molevac®: Parke-Davis, Berlin.

Multibionta®: Merck, Darmstadt.

Multi-Mulsin®: MUCOS, Geretsried.

Panacur®: Hoechst Roussel Vet Vertriebs GmbH, Unterschleißheim.

Unguentolan® Wund- und Brandsalbe: Heyl, Berlin.

16. Anhang mit Klimadiagrammen

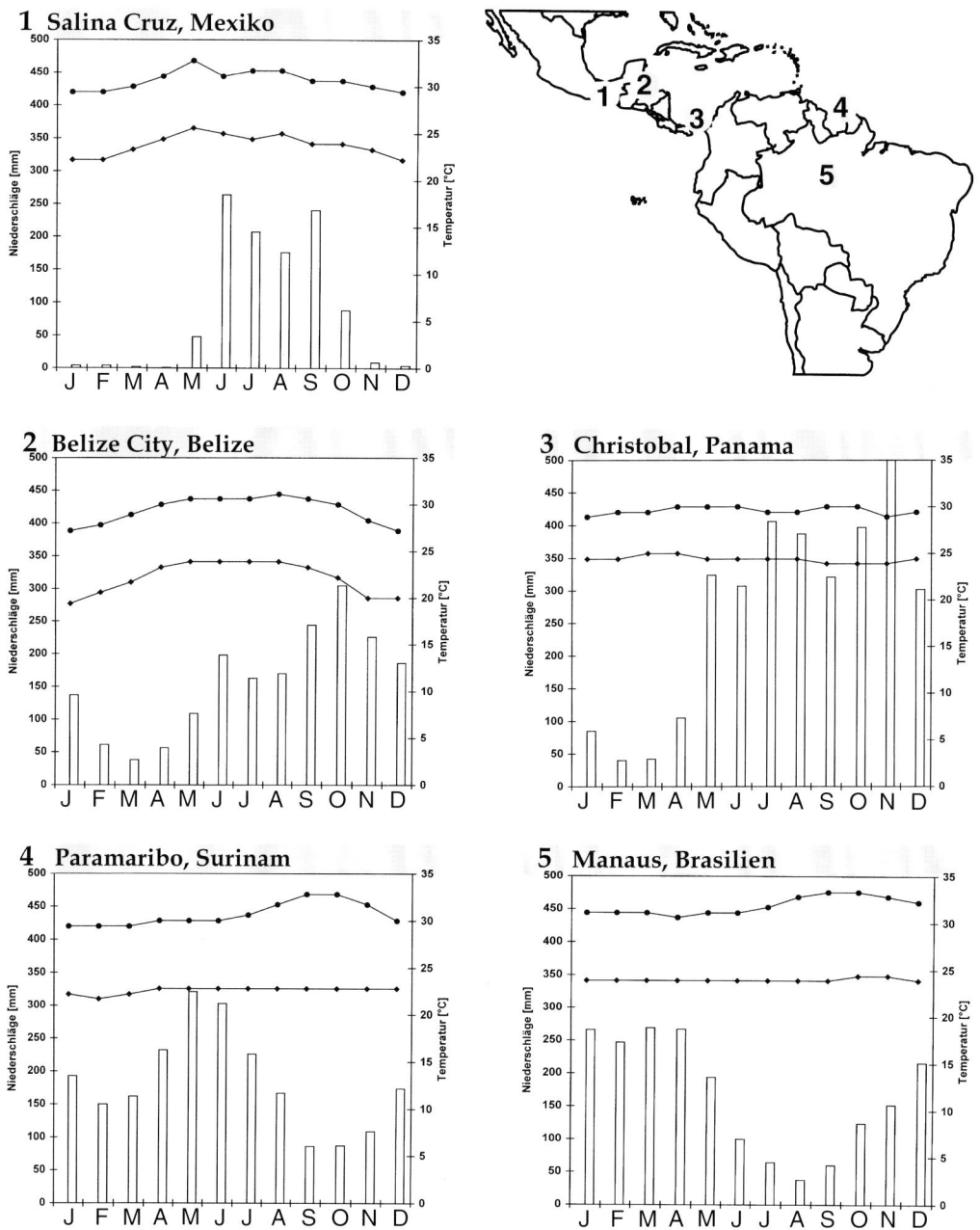

1 Salina Cruz, Mexiko

2 Belize City, Belize

3 Christobal, Panama

4 Paramaribo, Surinam

5 Manaus, Brasilien

Balken = mittlere monatliche Niederschläge; obere Kurve = mittlere Tagestemperaturen, untere Kurve = mittlere Nachttemperaturen. Angaben aus MÜLLER (1996)

17. Register

... Neuerscheinungen ...

Inkubation von Reptilieneiern

Grundlagen, Anleitungen, Erfahrungen
von Gunther Köhler

205 S., 68 Farbfotos, 20 Schwarzweißfotos und 66
Zeichnungen und Diagramme, Festeinbd., 78,– DM

„Die gesamten Themen ‚rund ums Reptilienei'
sind gut dargestellt und mit beeindruckender
Gründlichkeit recherchiert und zusammen-
gestellt.
. . . sicherlich das wichtigste und beste
allgemein terrarienkundliche Werk der letzten
Jahre . . .“
H. Werning [1997: Reptilia 2 (4)].

„Das Buch ist für Terrarianer sowie für
Herpetologen besonders wertvoll und wird
zur Optimierung der Zuchtbemühungen
beitragen.“
Prof. Dr. W. Kirsche [1997: Elaphe N.F. 5 (3)].

Weitere Themen im Programm:

- **Krötenechsen**
  Lebensweise, Pflege und Zucht von B. Baur u. R. Montanucci, 160 Seiten, viele
  Farbfotos; ca. DM 68,00; erscheint ca. Sommer '98

- **Basilisken**
  Lebensweise, Pflege und Zucht von G. Köhler, 107 Seiten, 28 Farbfotos; DM 29,80

- **Schwarze Leguane**
  Lebensweise, Pflege und Zucht von G. Köhler, 126 Seiten, 23 Farbfotos; DM 29,80

- **Dornschwanzagamen**
  Lebensweise, Pflege und Zucht von T. Wilms, 130 Seiten, 27 Farbfotos; DM 34,90

- **Warane**
  Lebensweise, Pflege und Zucht von B. Eidenmüller, 160 S., 63 Farbf.; DM 48,00

- **Videofilm „Der Grüne Leguan“**
  Lebensweise, Pflege und Zucht werden anschaulich dargestellt;
  Farbe, ca. 80 Min., VHS; DM 39,90

- **Grußkarten „Leguane“**
  8 verschiedene Klappkarten mit Leguanmotiven und Umschlägen; DM 9,80

HERPETON
Verlag Elke Köhler

Im Mittelfeld 27 • D-63075 Offenbach
Tel. 069-86777266 • Fax: 069-86777571

Deutsche Gesellschaft für Herpetologie und Terrarienkunde e.V. (DGHT)

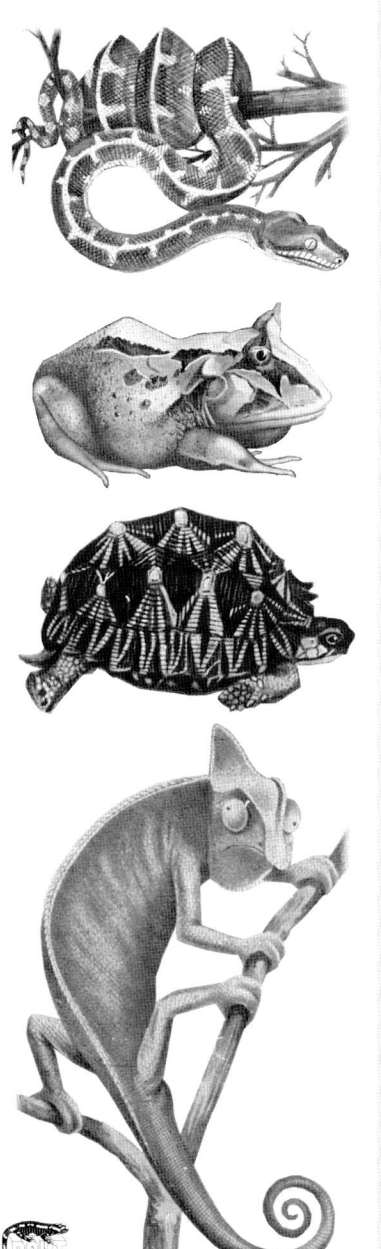

Die Deutsche Gesellschaft für Herpetologie und Terrarienkunde ist mit über 6500 Mitgliedern aus mehr als 30 Nationen die weltweit größte Organisation ihrer Art. Sie verbindet die Fachgebiete der Herpetologie und der Terrarienkunde unter einem Dach.

Die DGHT gliedert sich in zahlreiche **Stadt-, Regional- und Landesgruppen**, die sich regelmäßig zu Vorträgen und zum gegenseitigen Erfahrungs- und Informationsaustausch treffen.

Neben den regionalen Gruppen hat die DGHT eine Reihe von **fachspezifischen Arbeitsgruppen (AGs)**, die sich speziell mit einzelnen Tiergruppen, wie Fröschen, Schwanzlurchen, Schildkröten, Eidechsen, Waranen, Schlangen und Krokodilen sowie übergreifenden Themen wie Feldherpetologie und Amphibien- und Reptilienkrankheiten befassen.

Die DGHT bietet ein vielfältiges Angebot an Publikationen: Die Fachzeitschrift **„SALAMANDRA"** – mit einem ausgezeichneten internationalen Ruf – veröffentlicht ausschließlich Originalbeiträge aus dem Gebiet der Amphibien- und Reptilienkunde. Die Zeitschrift **„elaphe"** bietet neben aktuellen Informationen und Mitteilungen vorwiegend Fachbeiträge mit praktischen Tips zu Haltung und Nachzucht im Terrarium. 4mal im Jahr können Mitglieder im **„AnzeigenJournal"** in kostenlosen Annoncen Tiere suchen, abgeben oder tauschen sowie Literatur oder terraristisches Zubehör zum Verkauf anbieten. Mit etwa 50 Seiten ist das „AnzeigenJournal" die umfassendste und begehrteste Tauschbörse auf dem Gebiet der Terrarienkunde überhaupt. Alle genannten Zeitschriften und weitere Dienstleistungen sind im Jahresbeitrag von 50,– bzw. 80,– DM inbegriffen.

Kostenlose Informationen: **DGHT-Geschäftsstelle, Postfach 14 21, 53351 Rheinbach, Tel. 02255 – 950106, Fax 02255 – 1726, Internet: www.dght.de**